# 大数据时代下农业经济发展的探索

孙鹏程 黄琛杰 李 娜◎著

中国商务出版社
CHINA COMMERCE AND TRADE PRESS

# 图书在版编目（CIP）数据

大数据时代下农业经济发展的探索 / 孙鹏程，黄琛杰，李娜著. -- 北京：中国商务出版社，2022.12
ISBN 978-7-5103-4572-2

Ⅰ. ①大… Ⅱ. ①孙… ②黄… ③李… Ⅲ. ①农业经济—经济发展—研究—中国 Ⅳ. ①F323

中国版本图书馆CIP数据核字(2022)第234535号

## 大数据时代下农业经济发展的探索
DASHUJU SHIDAIXIA NONGYE JINGJI FAZHAN DE TANSUO

孙鹏程　黄琛杰　李娜　著

| | |
|---|---|
| 出　　版：| 中国商务出版社 |
| 地　　址：| 北京市东城区安外东后巷28号　邮　编：100710 |
| 责任部门：| 教育事业部（010-64283818） |
| 责任编辑：| 丁海春 |
| 直销客服：| 010-64283818 |
| 总 发 行：| 中国商务出版社发行部 （010-64208388　64515150） |
| 网购零售：| 中国商务出版社淘宝店 （010-64286917） |
| 网　　址：| http://www.cctpress.com |
| 网　　店：| https://shop162373850.taobao.com |
| 邮　　箱：| 347675974@qq.com |
| 印　　刷：| 北京四海锦诚印刷技术有限公司 |
| 开　　本：| 787毫米×1092毫米　1/16 |
| 印　　张：| 11.25　　　　　　　　　　　　字　数：232千字 |
| 版　　次：| 2023年5月第1版　　　　　　　　印　次：2023年5月第1次印刷 |
| 书　　号：| ISBN 978-7-5103-4572-2 |
| 定　　价：| 70.00元 |

凡所购本版图书如有印装质量问题，请与本社印制部联系（电话：010-64248236）

版权所有　盗版必究　（盗版侵权举报可发邮件到本社邮箱：cctp@cctpress.com）

# 前　言

当前，人类社会的发展速度持续加快，经济活动更为活跃，数据的产生量也持续增加，可以说，数据在各行各业中扮演着重要的角色。通过数据能够对经济社会活动予以记录，不同要素间存在的关系也可清晰呈现出来，最终明确事物发展的具体方向。农业是我国的支柱性产业，大数据技术应用在农业当中，能有效提升农业资源利用率，提高农业经济效益，尤其是在农业经济管理中的应用，能够优化农业生产流程，提升农业生产效率。

基于此，本书以《大数据时代下农业经济发展的探索》为题，全书共设置六章：第一章为绪论，主要内容包括农业的基础知识、农业经济学的产生和发展、农业经济学的研究对象、任务与方法；第二章围绕农产品市场展开，主要探讨农产品市场供给与需求、农产品的价格形成、农产品现货市场与农产品市场营销；第三章分析农业经济的微观组织，包括农业家庭经营管理、农业合作经济组织管理、农业产业化经营管理、农业产业集群管理；第四章探讨现代农业循环经济及其发展规划，主要内容包括现代农业及其产业布局、农业循环经济理论与发展模式、农业循环经济的发展规划；第五章基于大数据的现代农业经济发展，主要讨论面向农业领域的大数据关键技术、大数据推动农业现代化的应用成效、农业大数据与现代农业经济管理；第六章探究大数据时代下智慧农业经济发展，主要内容包括智慧农业及其应用领域、智慧农业发展的必要性与思路、大数据驱动智慧农业经济发展。

本书力图比较系统、深入地反映农业经济学理论与现代农业发展的最新成果，并对基于大数据的现代农业经济发展进行一些探索，以切实提高我国农业现代化水平，不断优化农业经济管理，进而满足大数据时代下智慧农业经济发展的要求，同时确保大数据关键技术得到充分发挥。

本书的撰写得到了许多专家学者的帮助和指导，在此表示诚挚的谢意。由于笔者水平有限，加之时间仓促，书中所涉及的内容难免有疏漏与不够严谨之处，希望各位读者多提宝贵意见，以待进一步修改，使之更加完善。

作者<br>2022 年 5 月

# 目 录

第一章 绪 论 ………………………………………………………………… 1

    第一节 农业的基础知识 ………………………………………………… 1

    第二节 农业经济学的产生和发展 ……………………………………… 7

    第三节 农业经济学的研究对象、任务与方法 ………………………… 14

第二章 农产品市场基本理论 …………………………………………… 21

    第一节 农产品市场供给与需求 ……………………………………… 21

    第二节 农产品的价格形成 …………………………………………… 36

    第三节 农产品现货市场 ……………………………………………… 46

    第四节 农产品市场营销 ……………………………………………… 58

第三章 农业经济的微观组织管理 ……………………………………… 72

    第一节 农业家庭经营管理 …………………………………………… 72

    第二节 农业合作经济组织管理 ……………………………………… 76

    第三节 农业产业化经营管理 ………………………………………… 83

    第四节 农业产业集群管理 …………………………………………… 91

第四章 现代农业循环经济及其发展规划 ……………………………… 98

    第一节 现代农业及其产业布局 ……………………………………… 98

    第二节 农业循环经济理论与发展模式 ……………………………… 114

    第三节 农业循环经济的发展规划 …………………………………… 127

## 第五章 基于大数据的现代农业经济发展 ······ 138

第一节 面向农业领域的大数据关键技术 ······ 138

第二节 大数据推动农业现代化的应用成效 ······ 153

第三节 农业大数据与现代农业经济管理 ······ 155

## 第六章 大数据时代下智慧农业经济发展 ······ 160

第一节 智慧农业及其应用领域 ······ 160

第二节 智慧农业发展的必要性与思路 ······ 162

第三节 大数据驱动智慧农业经济发展 ······ 167

**参考文献** ······ 171

# 第一章 绪 论

农业是人类衣食之源、生存之本。农业是人类社会历史上最早出现的物质生产部门，是社会生产和其他活动的起点，是国民经济其他部门得以独立存在和进步发展的基础。农业丰则基础强，农民富则国家盛，农村稳则社会安。本章内容包括农业的基础知识，农业经济学的产生和发展，农业经济学的研究对象、任务与方法。

## 第一节 农业的基础知识

农业是以植物、动物和微生物等生物有机体为劳动对象，通过人工栽培和饲养，取得人们需要的产品的物质生产部门或生产活动。

### 一、农业的内涵与特征

农业最基本的特征是自然再生产与经济再生产交织在一起。在农业生产过程中，土地、淡水和气象三个因子的影响都很大。在农业经济学教科书中，往往过于强调土地的重要性。其实，农业占用的土地份额要低于其占用的淡水份额。对于干旱、半干旱地区，淡水资源是比土地资源更为重要的要素。塑料薄膜的广泛应用，则是为了更加充分地利用气象因子的积极作用，更加有效地化解它的负面影响。

农业的劳动对象都是生命有机体。它们具有吸收光、热、气、水、土、肥等营养物质，合成碳水化合物、蛋白质、脂肪及其他有机物质的能力，具有自己的生长发育规律。在农业生产过程中，动植物品种的性能对农业生产成果的大小具有决定性影响。在很长的一段时间内，农业采用块选片选、株选穗选和定位优选（选择农作物的最佳遗传优势部位）的方法选种育种。20世纪30年代，杂交玉米的培育成功是基于科学的新方法的首次重大突破。之后，杂交成为育种的重要手段。农业主要利用杂交第一代的增产优势。杂交大多发生在亲缘关系很近的同种、同属之间，转基因作物是将人工分离和修饰过的基因导入作物体基因组中，建立起不同界门纲目科之间的联系①。比如，把深海里的鱼的基因转到西红柿里，把微生物的基因转到水稻里。它追求的是把自然界的零概率事件变成大概率事件。现在对转基因技术的争议很大，但它对农业生产的影响有增大的趋势。特定的农作物品种有特定的适宜范围，这是农业不同于工业的一个重要特征。

农业生产最初通过轮作方式恢复土地的自然肥力，实现同一地块的持续生产。后来发现，施用化肥可以更为简便地实现土地肥力的恢复，这导致19世纪末开始逐渐放弃轮作。随着同一地块连续种植同一种作物而不影响农产品产量的化肥施用技术的成熟，农产品专业化种植逐步成为主导的农业生产方式。在资源比较优势和经济竞争优势的共同作用下，农业的地域性特征表现得越来越强。

无论农业如何发展，农户始终是农业的基本经济单位。真正发生的变化是农户的生产经营规模越来越大，农户生产经营的专业化程度越来越高，农户之间的分工越来越细，农户同市场的关联性越来越强。农户的平均经营规模，不仅决定于经济发展水平，而且决定于农业形成的特征。一般来说，移民国家或地区的农户平均经营规模会显著大于原住民国家或地区的农户平均经营规模。

农业技术的选择特征是：从短期看，农业技术选择在很大程度上取决于资源禀赋。但这种差异会随着时间的推移而变得越来越不明显，即从长期看，农业技术的选择会缓慢地趋同。随着农业发展水平的提高，农业技术选择的决定因素将会由资源禀赋逐步过渡到要素价格、技术市场和增长模式上。农业技术的知识产权保护极为困难，农产品种类要比工业品种类少得多。这两个有助于农业技术推广的因素，可能是过去的几十年中，农业部门的全要素生产率的增长快于其他经济部门的重要原因。

## 二、农业的功能与地位

### （一）农业的功能拓展

农业多功能性的提出，旨在引导人们以新的视角认识农业，以新的理念发展农业。随着农业功能的拓展，农业在国计民生中的基础地位会变得越来越清晰。

（1）产品生产功能。在很长一段时间里，农业是一个纯粹的生产部门。农业的生产功能是随着时间的推移不断增强的，其向人类提供的产品也是日益增多的。在农业社会，主要生产食物和纤维，以满足人们的温饱需求。在工业社会，除了生产食物和纤维外，农业还为工业提供越来越多的原料，为工业的发展做出了应有的贡献。展望未来，

---

① 李秉龙，薛兴利. 农业经济学 [M]. 3版. 北京：中国农业大学出版社，2015：1.

随着微生物资源利用的产业化，由植物、动物构成的二维农业将跃迁为由植物、动物、微生物构成的三维农业；随着海藻资源利用的产业化，将把陆地农业拓展为陆地与海洋交融的农业；农业甚至有可能在缓解能源危机、推动以生物产业为主导的产业革命等方面一展身手。

（2）要素贡献功能。在工业化的初级阶段，农业除了为工业发展提供各种产品和原料外，还向工业提供资本、劳动力和市场等。库兹涅茨将它们概括为要素贡献、市场贡献和外汇贡献。其中，要素贡献包括资本和劳动。

（3）生活服务功能。农业和农村自然环境、田园景观、农业设施、农耕文化、农家生活等资源，具有休闲观光、文化传承等服务功能，发展休闲农业、文化农业，使人获得休闲、教育和情感享受，有助于满足国民日益丰富多彩的精神生活与文化需求，有助于维护原有乡村生活形态、农村文化多样性遗产，有助于促进农区特色文化、民族传统文化、传统历史文化的挖掘和传承。农业的服务功能具有公共物品的性质。

（4）生态保护功能。农业的生态保护功能是指农业生态系统所具有的调节气候、保护和改善环境、保护生物多样性和维护生态平衡等方面的功能。农业生态功能的维护和提升，对防治自然灾害和保障第二、三产业正常运行，以及环境保护、国土整治、水资源管理、生态平衡和维系自然资源永续利用、促进国民经济可持续发展等，均具有极为重要的作用。农业生产利用的资源如土地、淡水、草地、森林等不是一般的生产要素，而是自然资本。投资自然资本不仅可以提高农业生产率，而且可以维护和提升农业的生态保护功能，维护子孙后代的生存基础。

（5）社会稳定功能。农业的社会稳定功能主要表现在：①保障人们安居乐业。农业稳定发展，才能为社会提供充足的农产品，满足城乡居民对基本生活资料的需要，使人民安居乐业，这是社会稳定的基本前提。②保障农村劳动力就业。农业为广大农村居民提供了谋生的手段，特别是在发展中国家，由于城乡二元经济结构的存在，这些国家的农业容纳了大量剩余劳动力，缓解了社会失业矛盾，避免或减少了农村人口盲目向城市流动。③替代社会保障。在发展中国家，贫困人口集中于农村地区，缺乏必要的社会保障，而农民拥有的土地就起到了社会保障的作用。由于发展中国家的经济社会发展水平比较低，农业的社会保障功能在发展中国家比发达国家更为重要，具有更大的价值。④缓冲经济波动。经济的周期性波动是无法避免的客观现象。随着宏观经济的波动，城市二、三产业会快速和大规模地吸纳和释放劳动力，农业充当了城市二、三产业劳动力的"蓄水池"，能随着经济的波动适时地释放和吸纳劳动力，从而能减缓经济危机和加速经济复苏。⑤保持国土空间平衡发展。由于农业以土地为最基本的生产资料，一般来说，只要是适合发展农业的地区，总会有人从事农业活动，相应地也会有一定规模的人口集聚和二、三产业的发展，因此，农业对于保持国土空间的平衡发展具有重要意义。⑥保障国家自立自强。从理论上说，开放贸易有利于发挥各国的比较优势，有利于增加世界的农产品供给。但在现实中，如果一个国家的主要农产品（特别是粮食）不能实现基本自给而过多地依赖进口，不仅会给世界农产品市场带来压力，而且也很难立足于世界强国之林。一旦国际形势发生动荡，就会在经济和政治上处于被动地位，甚至危及国家安全。从某种意义上说，一个国家能否自立，在很大程度上取决于本国农业的发展状况。

（6）文化传承和教育功能。由于农业生产活动与农民生活紧密结合，农业对形成和保持独特的农村景观、传统文化，维护文化的多样性具有重要作用。许多国家的文化和传统深深地根植于农民的生产和生活之中，富于地方特色和乡土气息的农村文化和传统与农业密不可分。另外，东方社会普遍认为，农业生产活动具有教育和养成个体优良品德的作用。在中国，过去一直有农忙时节中小学生参加农业劳动的做法。现在，这种传统由于升学导向而逐渐丢失，但人们仍普遍认可农业的教育功能。另外，城市居民通过参观或参加农业活动，能加深对农民的了解和感情，农业因此具有促进城乡居民平等相处、互相尊重，建设和谐社会的作用。

## （二）农业的地位

（1）人类繁衍的基础。最初，农业是人类社会里唯一的生产部门。为了获得生理上所需的食物，实现顺利的繁衍，人类完成了由狩猎到养殖、由采集到种植的技术创新。之后，无论是农业资源的开发还是继起的农业创新，实际上都是为了满足人类繁衍的需求。所以，为人类的繁衍提供食物和衣物保障，是农业最基本的作用。

（2）国民经济的基础。随着经济和社会的发展，一些产业从农业中分离出来了，一些产业在科技创新的推动下逐步形成了。无论是前一类产业还是后一类产业，它们都需要农业部门为其提供所需的食物、劳动力、土地，乃至初始资本。由于它们的形成和成长，或多或少地受到农业发展水平的影响，所以，此时的农业又成为国民经济的基础。这是农业地位和作用的第一次拓展。

（3）永续发展的基础。如前所述，农业的功能是不断拓展的。随着农业功能的拓展，农业生态环境的保护和改善，农业资源可持续利用水平的提高，耕地生态系统、森林生态系统、草地生态系统、湿地生态系统和生物资源进入良性循环，其对经济社会可持续发展的影响越来越大。农业具有可持续性，生态环境就具有可持续性；生态环境具有可持续性，经济社会就具有可持续性，此时的农业又成为经济和社会可持续发展的基础。这是农业地位和作用的第二次拓展。

## 三、农业的类型演变

### (一) 原始农业

原始农业在新石器时代早期（大约 12 000 年前）出现雏形，一直延续到铁器工具问世，历时约 7000 年。这是由采集、狩猎逐步过渡而来的一种近似自然状态的农业，属农业发展的最初阶段。其生产上的特征是采用简陋的石器、棍棒等生产工具和粗放的耕作方法，从事简单的农事活动，对自然力的依赖性很强；其组织上的特征是需要开展小范围的社区合作，家庭不是相互独立的经营主体。其最突出的成就是在野生动植物驯化方面获得了突破。

### (二) 传统农业

传统农业始于铁器时代。发达国家延续到 20 世纪初，大多数发展中国家至今仍停留在传统农业阶段。其生产特征是采用铁锄、铁耙、铁犁、耧车、风车、水车、石磨等金属和木制农具，以畜力为主要动力，生产技术主要来自农民世代积累的经验，技术长期保持不变，传统生产要素的需求和供给处于长期均衡状态；其组织上的特征是以家庭为生产单位，以满足家庭需求为主，微观层面上的生产结构具有很强的同质性，尚未形成家庭的专业分工。最突出的成就是找到了用地和养地相结合、种植与养殖相结合、维持自然生态平衡的生产方式，具有低能耗、低污染等特征。

### (三) 现代农业

#### 1. 现代农业的特点

现代农业是应用现代高新技术、生产要素和科学管理方法的农业。其特点是：①生产运行市场化。即依靠市场调节农业资源配置，具体包括农产品和农业生产要素的市场化，以及调节机制的市场化。②资源配置合理化。农业生产要素在生产商品化的基础上进行合理配置，使有限的生产要素投入取得尽可能大的产出效果。具体表现为劳动生产率大幅度提高、专业分工日益深化、产业结构日趋合理。③发展模式持续化。有效解决了毁林开荒、过度放牧等滥用土地以及滥用能源的危害。④组织管理协调化。包括产前、产中、产后的部门协调，生产与生态的关系协调，以及农业多功能的协调。

现代农业是一个动态的、综合的概念。它的内涵随着经济社会的发展而不断丰富与深化。在演进过程中，机械对役畜的替代、实验科学对经验的替代、技术进步对自然资源的替代、"大而专"对"小而全"的替代表现得越来越显著，生产的区域化和企业化特征会表现得越来越显著，产业的竞争力会表现得越来越显著，农产品供给之外的生活休闲、生态保护、文明传承等功能会表现得越来越显著。

### 2. 现代农业的类型

现代农业类型主要有以下三种：

（1）资本集约型。适宜地广人稀的国家，如美国、加拿大。其技术创新的路径为先机械化，提高劳动生产率；后生物技术化，提高土地生产率。

（2）劳动集约型。适宜人多地少的国家，如日本、荷兰。其技术创新的路径为先生物技术化，提高土地生产率；后机械化，适当提高劳动生产率。

（3）中间型。适宜工业相对发达，劳动力和耕地资源都不太丰富的国家，如英国、法国。其技术创新的路径为生物技术和机械技术互为支撑，劳动生产率和土地生产率共同提高。

### 3. 现代农业模式

（1）绿色农业。它是灵活利用生态环境的物质循环系统，应用农药安全管理技术（IPM）、营养物综合管理技术（INM）、生物技术和轮耕技术等，保护农业环境的农业，也是无公害食品、绿色食品和有机食品生产的总称。

（2）工厂化农业。它是综合运用高科技、新设备和管理方法，使农业摆脱自然界制约的农业。

（3）休闲农业。它利用当地的农业自然环境、农业生产场地、农业人文资源等形成农业生产与观光旅游相结合的农业。游客可以观光采摘、体验农作、了解农民生活、享受乡间情趣。

（4）假日农业。城郊农民将耕地划成若干小块出租给城里人，主要生产活动由城里人在假日里进行，平时的作物管理由农民承担的农业。城里人既锻炼了身体，又领略了田园风光。农民既减少了投入，又增加了收入。

## （四）多功能农业

从发展趋势看，农业的功能会不断拓展。随着农业功能的拓展，农业的内涵会越来越丰富，农业产业体系会越来越健全，农业在经济社会中的地位会越来越重要。

农业的多功能性来源于农业产出的多效用性。其中，农业的经济效用是指农产品的经济价值，生态效用是指农业生态系统所具有的调节气候、净化环境、维持生物多样性等价值，社会价值是指经济功能和生态功能等转化为社会功能的间接价值，文化价值是指农业生产系统所构成的自然和人文综合景观带给人们的休闲、审美和教育的价值，以及维护农村文化多样性遗产、传承传统历史文化的价值。

积极发展多功能农业，是21世纪的一项重大战略任务，也是农业发展的一次历史性机遇。多功能农业的发展应注重三个方面：一是注重绿色。以资源高效和循环利用为核心，以生态农业、绿色产业为抓手，增强市场竞争力。二是注重休闲。利用农业和农村自然环境、田园景观、农业设施、农耕文化、农家生活等旅游资源，实现第一产业、第二产业和第三产业的有机融合。三是注重文化。将农耕文化、民族传统文化、地方特色文化的传承作用发挥出来。

## 第二节 农业经济学的产生和发展

### 一、西方农业经济学学科的产生和发展

#### （一）西方农业经济学学科的起源：古希腊和罗马时代

农业是最古老的产业，农业经济思想是经济思想的起源，因为人类社会是从农业社会起源和分化的。

西方的农业经济思想可追溯到古希腊和罗马时代[①]。随着奴隶制生产关系的产生和发展，当时不少思想家在他们的论著中都曾对农业进行过论述。古希腊思想家色诺芬（Xenophon）在公元前400年前后撰著的《经济论》（又译作《家政论》），是古希腊留传至今的第一部经济学专著。书中最早使用了"经济"一词。在古希腊文中，"经济"的原义就是家庭管理。因为奴隶社会的生产管理是以家庭为单位的，因此，有关组织和管理奴隶生产的活动用"经济"一词来表述。色诺芬认为，农业是一切技艺的母亲，农业繁荣则百业兴旺，农业衰落则百业凋敝；主人应了解并有效地组织农业生产，要选择合适的监工来监督奴隶们的劳动。

公元前2世纪至4世纪的600年中，罗马先后有四部书名相似的著作讨论了农业问题。包括：加图（Marcus Porcius Cato）的《农业志》，成书于公元前160年；瓦罗（Varro）的《论农业》，成书于约公元前36年；科卢梅拉（Columella）的《论农业》，成书于公元60年前后；帕拉弟乌斯（R. T. A. Palladhis）的《农业论》，成书于公元4世纪。

古希腊和罗马时代的农业经济思想并没有形成完整的体系，有关农业的经济思想，或是夹杂在论述哲学、政治、经济问题的著作中（如色诺芬），或者同农业生产技术知识结合在一起（如加图、瓦罗、科卢梅拉、帕拉弟乌斯等），但从这些著述中可以了解到古希

---

① 大致是公元前5世纪到公元5世纪。

腊和罗马时代思想家对农业地位和作用的认识，对奴隶制农业经营管理的分析。这些思想正是农业经济思想和理论的发展源头。

## （二）西方农业经济学学科的萌芽：近代资本主义初期

近代资本主义初期（17世纪至18世纪）的农业经济思想主要产生于英国、法国和德国，包含在古典政治经济学之中。古典政治经济学①研究的几乎所有经济范畴如价格、工资、地租、利息等都与农业紧密相关，如在威廉·配第（William Petty）、费朗斯瓦·魁奈（Francois Quesnay）、亚当·斯密（Adam Smith）、大卫·李嘉图（David Ricardo）等经济学先驱的著作中，就大量采用涉及农业的例子来阐述经济理论。

在古典政治经济学发展的基础上，相对独立的农业经济理论体系逐渐萌芽。18世纪后期，英国农业经济学家和英国农业革命的重要宣传者阿瑟·扬（Arthur Yang），亲身从事农业经营实践，并先后考察了英国和法国各地的农村，1770年出版了《农业经济论》。他在书中比较具体地论述了农业生产要素的配合比例、生产费用与经营收益的关系，并提出大农场胜于小经营的规模经营理论。阿瑟·扬被认为是农业经济学的创始人。

## （三）西方农业经济学学科的独立：18世纪初到20世纪初

英国的阿瑟·扬虽然创立了农业经济学，但农业经济学的更大发展是在德国，而且形成了农业经营学派。农业经营学派的创始人是阿尔布雷希特·丹尼尔·泰厄（Arbrecht Daniel Thaer），他在1809—1821年间出版了四卷本的《合理的农业原理》。《合理的农业原理》共分关于基础、经济学、农学、农业、植物性物质生产、畜产等六章，其中，前两章讨论有关经营、统计等组织生产的知识。书中，泰厄明确提出了农业的经营目标是追求最大利润。

泰厄的学生约翰·海因里希·冯·屠能（Johann Heinrich von Thunen）继承和发展了他的思想，于1826年出版了《孤立国》②。书中，他用抽象的方法假设了一个孤立国，孤立国只有一个位于中央的城市和四周的农村。借此，他阐述了农业生产的布局原理。屠能对农业经济学的贡献是：使用边际分析方法，建立了农业经济学的两个基本理论，即农业集约度理论和农业区位理论。屠能被视作农业布局理论的创始人，也是德国农业经营学派的奠基人。

---

① 古典经济学指17世纪中叶到19世纪70年代的经济学。亚当·斯密（1776年发表《国民财富的性质和原因的研究》）是古典经济学理论体系的建立者。

② 《孤立国》是《孤立国与农业和国民经济的关系》的简称。1826年出版第一部，1850年出版第二部上册，1863年，其传记作者熊马赫·查其林（H. Schumacher Zarchlin）整理出版其遗作第二部下册和第三部。

屠能以后，德国出现了许多著名的农业经济学家。到了 20 世纪初叶，弗里德里希·艾瑞保（Friedrich Aereboe）和特奥多·布林克曼（Theoder Brinkmarm）把农业经营学发展成为一个完整的理论体系。1905 年，艾瑞保出版了《农业经济学说论文集》，1912 年出版了《农场与农地评价学》，1917 年出版了《农业经营学概论》。《农业经营学概论》一出版就成为农业经营学中影响最大的著作，至 1922 年发行了六版。布林克曼集德国农业经营学之大成，共发表论著 93 种，其中，最为著名的是 1914 年出版的《农业经营经济学》。该书围绕农业集约度和农业经营制度两大主题，论述了边际收益递减规律、投资收益界限、最小限度法则、部门配合理论以及生产规模等问题，并把它们整合成一个较为完整的体系，为后来的农业生产经济学奠定了理论基础。

### （四）西方农业经济学学科的发展：20 世纪美国的农业经济学学科

20 世纪以前，美国的农业经济学与经济学一样没有多少建树，但进入 20 世纪以后，美国的农业经济学学科得到了快速发展，并形成了特色鲜明的农场生产经济学派（亦称农场管理学派）。在美国农业经济学发展中的重要贡献者当数亨利·查尔斯·泰勒（Henry Charles Taylor）、托马斯·尼克松·卡佛（Thomas Nixon Carver）、理查德·特奥多·伊利（Richard Theodor Ely）、约翰·唐纳德·布莱克（John Donald Black）和厄尔·奥廖尔·黑迪（Earl Orel Heady）等。

泰勒先后出版了《农业经济研究入门》（1903）、《农业经济学》（1919）、《农业经济学大纲》（1925）、《世界农产品贸易》（1943），其研究领域超越了同时代农场管理学的范围。

卡佛于 1904 年在哈佛大学第一次开设农业经济学课程，先后出版了《财富分配》（1904）和《农村经济学原理》（1911）。《财富分配》一书详细探讨了资源集约利用的报酬递减规律问题。卡佛的工作大大拓展了农业经济学的研究范围。

伊利和莫尔豪斯（E. W. Morehouse）1924 年出版了《土地经济学原理》，论述了土地经济学的各种问题，是最早和影响最广泛的土地经济学著作之一。

布莱克于 1926 年出版了《农业生产经济学导论》，这是一部依据新古典经济学理论[①]运用农场生产数据进行分析的著作，开创了农业经济定量分析和实证分析的先河，也是世界上第一部以农业生产经济学命名的著作。

黑迪继承和发展了泰勒等人的农业生产经济学理论，并结合 20 世纪 40 年代美国微观经济学、统计学、计量经济学的最新成果，建立了现代农业生产经济学理论体系。1952 年

---

① 19 世纪 70 年代，古典经济学经历了所谓的"边际革命"（边际效用价值论和边际分析方法的广泛运用），古典经济学进入了新古典经济学时期。

出版了被誉为"农业经济学圣经"的《农业生产经济学与资源利用》一书,该书系统引入了生产函数、线性规划等方法,大大提高了农业生产经济学研究方法的规范性,使得农业生产经济学变得更为成熟和完善。

## 二、中国农业经济学学科的产生和发展

### (一)中国农业经济思想的丰富内容

中国作为一个古老的农业大国,农业经济问题一向为人们所重视,先哲们对农业经济问题的研究源远流长。在中国历代的经济思想中,农业经济思想占有十分重要的地位,内容极为丰富,突出地表现在以下三个方面:

一是对农业重要性的认识。中国古代社会就有"以农立国"的思想,认为农业是立国之本。有学者认为,古典政治经济学的法国重农学派[①]具有中国渊源。

二是对土地占有关系的认识。土地是农业最基本的生产资料,中国历代对土地占有关系十分重视,并进行了各种探索和实践。比如,西周时期盛行"井田制",以调动奴隶的劳动积极性;春秋时期管仲提出"均地分力",主张让平民拥有一定的农田,使他们安心生产,以稳定社会;西汉时期董仲舒提出"限田"主张,"使富者足以示贵而不至于骄,贫者足以养生而不至于忧";北魏时期实行"均田制",由政府向农民分配一定数量的土地,受田农民每年缴纳一定数量的农产品作为租金;明代丘濬提出"配丁田法"[②],以解决"民多田少"的矛盾;清代王源提出"惟农有田"论,主张"有田者必自耕",消灭地主和佃农。

三是对粮价波动的认识。春秋末年的计然最早关注到农业丰歉的周期性变化和粮食价格的波动,提出了"谷贱伤农"的观点;宋代的李觏进一步发展了"谷贱伤农"的观点,认为"谷贵亦伤农";为对付粮食生产和价格波动,西汉的耿寿昌发明了"常平仓"制度[③],常平仓自此成为中国古代的一项重要经济政策。

上述情况说明,中国古代社会就出现了许多重要的农业经济思想,只是由于我国长期处于封建社会,商品经济很不发达,这些农业经济思想无法形成系统的理论。

---

① 18世纪50—70年代的法国古典经济学学派。该学派视农业为财富的唯一来源和社会一切收入的基础,认为保障财产权利和个人经济自由是社会繁荣的必要因素。主要代表人物有魁奈、杜尔哥。

② 其基本内容有:第一,规定每丁可占田一顷,取得田地的途径是购买。第二,对已占田一顷以上的,即使"多至百顷,官府亦不之问";"惟制其将来,不许再行购买田地"。

③ "常平"即政府于丰年购进粮食储存,以免谷贱伤农,歉年卖出所储粮食以稳定粮价。"常平仓"就是政府为储备粮备而设置的粮仓。美国于20世纪30年代把常平仓政策引入了罗斯福新政。

## (二) 20 世纪初的农业经济研究与农业经济教育

### 1. 20 世纪初开始的农业经济研究

农业经济研究往往在学科形成之前就已经出现。我国近代农业经济文献零星出现于 20 世纪初。1897 年创刊的《农学报》自 1900 年开始刊载有关中国农业经济的文章。1931 年，中国已经有了农业经济学会和会刊。1931 年《农业经济学会会刊》第 1 期上发表了董时进撰写的《农业经济学研究什么？学了农业经济学可以干什么？》一文。至 20 世纪 30 年代，我国农业经济的研究范围已经涵盖了农业经济学的学科问题、土地问题、产销经营、农业建设、农村金融、农业合作、农业部门经济、农业经济地理、农业经济史等广泛的主题。

20 世纪 30 年代，有两项农业经济学研究工作引人注目，一项是关于"中国农村社会性质"的大争论，这场争论的焦点是中国农村是半殖民地半封建社会还是资本主义社会，中国社会的出路是解决愚穷弱私的问题还是反帝反封建，挽救中国农村经济破产的办法是发展生产力还是改革农村社会关系。这场论战吸引了各色人物的参与，提出了形形色色的观点，出现了一批有分量的论著，大大推动了我国的农业经济研究。

另一项是由金陵大学农学院（今南京农业大学）农业经济教授约翰·洛辛·卜凯（John Lossing Buck）主持的中国土地利用调查研究工作，1929—1933 年期间共调查了 22 个省 168 个样本点的 16 786 个农场和 38 256 户农家；1934—1936 年进行调查资料的整理分析工作；1936 年和 1937 年分别出版了调研成果——《中国农家经济》和《中国土地利用》。这项研究工作是中国历史上第一次大规模科学系统的农村调查和分析。

### 2. 20 世纪初开始的农业经济教育

我国高等学校中的农业经济教学始于 20 世纪初。1904 年京师大学堂农科大学（今中国农业大学）开设了从日本引进的"农业经济学"课程（当时取名"农业理财学"）。1912 年教育部第一号部令《大学规程》第 2 章第 12 条在大学农科的科目设置上明确规定农学门的第 26 号课程、农艺化学门的第 24 号课程为"农业经济学"。

20 世纪 20 年代，我国开始设置农业经济学学科的教学机构。1921 年，金陵大学设立了农业经济组，1925 年金陵大学农学院设立了农业经济系，开创并推动了我国近代农业经济学的教学和研究，1936 年开始招收两年制研究生。1927 年，浙江大学设立了"农村社会学系"，1936 年更名为"农业经济学系"，1942 年设立"农业经济研究所"，并开始招收研究生。

### 3. 中国农业经济学教育的代表人物——许璇

许璇是近代中国农业经济学的主要开创人和奠基人。许璇，浙江瑞安人，1876 年生。

1907年公派留日，初入京都第三高等学校，继入东京帝国大学农科。1913年毕业回国，投身农业教育事业，在中国农业大学开设农业经济学课程。他讲授农业经济学内容涉及农业政策、农村金融、农业关税、农村合作、土地问题、粮食问题等诸多方面。在20世纪初期，农业经济学在中国几乎还是空白，资料收集十分困难，他花费了很大的精力。许璇存留下来的著作只有两本。一是《粮食问题》，1935年由上海商务印书馆出版。二是《农业经济学》，在他去世八年后由他当年在浙江大学农学院的助教杜修昌整理，1943年由商务印书馆出版，1948年出至四版。

### （三）中华人民共和国成立至改革开放前的农业经济学学科

中华人民共和国成立后，我国的高等教育移植苏联模式。1952年，全国进行了高校院系大调整，组建了一批专业性高等院校。我国的农业经济教育也随之转入各地的农业大学。1953年，教育部颁布了主要参考苏联的农业经济学教育计划。

1951—1955年，一批苏联农业经济专家来华讲学，其中，杜宾诺夫的讲稿在1956年翻译出版，定名为《社会主义农业经济学》。1957年，中国人民大学农业经济教研室编写了《农业经济学讲义（初稿）》，1959年定名为《社会主义农业经济学》，由农业出版社出版。1961年，全国高等农业院校集体编写了《中国社会主义农业经济学》。

20世纪60年代和70年代，我国农业经济学学科的教育和研究是在计划经济的背景下进行的，主要是对当时的政策进行诠释，没能留下多少有价值的研究成果和研究范式。

### （四）改革开放以来我国农业经济学学科的发展变化

1977年开始，我国恢复高考制度，部分农业大学在1977年和1978年相继恢复农业经济管理专业招生，农业经济学学科与其他社会科学学科一样进入了恢复建设、繁荣发展的阶段。

由于我国农业经济学学科经历了相当长一段时间的消没，研究水平已远远落后于国际水平。改革开放后，国内学者一方面组织编写了一些农业经济学教材，如1980年农业出版社出版了由赵天福教授主编的全国高等农业院校和高等财经院校统编教材《社会主义农业经济学》，1981年辽宁人民出版社出版了全国12所综合性大学合作编写的《农业经济学概论》；另一方面翻译引进了一批国外的农业经济学教材。

随着改革开放的推进，我国的农业经济学学科又融入了国际学术交流的舞台。我国改革开放中出现的农业经营体制、农业生产方式、农产品市场体系以及工农关系、城乡关系等方面的重大变化，一方面向农业经济理论工作者提出了前所未有的新问题，另一方面也为农业经济学学科的发展提供了肥沃的土壤。学术界对新时期我国的农业经济问题进行了全面、系统、深入的研究，并且在研究方法上逐步与西方农业经济学学科接轨，经济学的一般理论和定量分析方法在农业经济问题的研究中日益普遍，农业经济学的学科体系也日臻完善。

## 三、现代农业经济学学科的发展趋势

第二次世界大战以后，现代农业经济学学科发展加速，并出现了一系列新趋势。

第一，农业经济学不断分化和细化，分支学科迅速成长，农业经济学学科体系日臻完善。自 1770 年阿瑟·扬出版《农业经济论》一书创立农业经济学学科起到第一次世界大战结束时，农业经济学基本上是作为一个单一的学科而发展的。进入 20 世纪 20 年代，农业经济学开始出现分化，一些分支学科陆续从农业经济学中分离出来，出现了土地经济学等学科。二战以后，农产品运销学、农产品贸易、农业金融学、农业政策学等分支学科迅速成长起来。20 世纪 70 年代以后，又出现了农业资源经济学、农业生态经济学等分支学科。这些学科的出现一方面可以看作是农业经济学分化的结果，另一方面也可以视为农业经济学与其他学科相互交叉和渗透的综合化产物。

第二，农业经济学的研究范围不断拓宽，越来越注重多层面、多视角的研究。在二战以前，农业经济的概念基本上指的是农业生产经济（更准确地说是农场生产经济）。二战以后，随着农业社会化和国际化程度的提高，农业经济学研究日益关注宏观层面的问题，如农业经营体制和农业组织、农产品贸易和农业竞争力、农业与非农产业之间的关系、农业与资源环境之间的关系、农业中的私人决策和公共决策、农民收入与消费等问题的讨论渐趋活跃，各种与"三农"有关的经济活动和经济现象都被纳入农业经济学的研究范围。同时，农业经济学中的各种比较研究越来越受到重视，如农业与非农产业的增长机制比较、传统农业与现代农业的比较、各国农业发展模式的比较、经济体制和农业政策的比较研究等，日益成为学者们研究的课题。这种研究使得农业经济学不只限于微观层面的分析，而且具有宏观层面的视野，同时也丰富了经济学特别是发展经济学的理论。

第三，研究方法上越来越注重以一般经济理论为指导，采用规范与实证相结合、定性与定量相结合的方法。自 1952 年美国学者黑迪出版的《农业生产经济学与资源利用》大量应用数量分析方法以来，农业经济学日益采用一般经济学的理论和分析范式，采用定量的实证分析方法。特别是 20 世纪 70 年代以来，计量经济模型①在农产品市场均衡分析、农业资源最优利用分析以及农业政策模拟等方面得到广泛应用，而且开始从局部均衡分析

---

① 在研究中将经济理论、数学和统计学等结合起来，首先依据一定的经济理论确定经济变量的相互关系，并用方程表示出来，即建立经济数学模型；然后运用数理统计方法，使用实际观察得到的数据资料来估算模型中的各种参数值；再用统计检验、经济检验等方法，验证估算出参数值的模型是否可靠，是否符合经济学原理和客观实际；最后运用经过验证的模型来预测未来和规划政策。

发展到一般均衡分析，农业经济学的实证研究和规范研究得到了很好的结合。

## 第三节　农业经济学的研究对象、任务与方法

### 一、农业经济学的研究对象

农业经济学是经济学的一个分支，是一门专门研究农业领域中各类经济问题的部门经济学。然而，在不同的年代和不同的国家，人们对农业经济学研究对象的认识存在着很大的区别。

美国学者约翰·W.戈德温根据经济学和农业的定义，在其所著的《农业经济学》中将农业经济学定义为"关于各种有限资源在农牧业产品的生产、加工及消费等用途方面进行分配的社会科学"。

英国的C.里特森在其所著的《农业经济学：原理和政策》中虽然没有对农业经济学进行定义，但他认为，农业经济学的主题有两个：一是经济理论在农业中的应用，或对农业经济问题进行理论探讨；二是政府制定农业政策时的经济学原理和方法，特别是农产品贸易政策和农业支持政策。

我国学者朱道华教授在其所主编的《农业经济学》（第四版）中认为，农业经济学的研究客体是农业，所以，它不仅是经济学中的一门独立科学，也是农业科学中的一门独立科学。研究农业的科学很多，而农业经济学是从经济的角度研究农业的科学。农业经济是农业中的经济活动和经济关系的总和，农业经济的基本规律是农业生产方式的运动规律。从广义上看，农业经济学的研究对象，包括农业生产方式的更迭和各个历史时期的农业生产方式。但通常的农业经济学是狭义的，以研究现阶段的农业生产方式为主。同时，农业经济学是一门实践性很强的应用经济学，因此，农业经济学除了要阐述一般的农业经济理论外，更要结合本国的实际，研究本国农业生产方式的运动规律和特点。这样，农业经济学往往形成各国特色，如美国农业经济学主要结合美国实际，日本农业经济学主要结合日本实际，中国农业经济学主要结合中国实际。

上述三位学者对农业经济学研究对象的归纳实际上是有区别的。其中，两位国外学者的观点基本上代表了西方农业经济学者关于农业经济学的观点，他们认为，农业经济学就是经济学原理在农业经济中的应用，因此，农业经济学的核心问题是稀缺资源在农业中的配置，以及政府如何在农业领域解决市场失灵的问题，而这些问题的解决是以既定的生产关系为前提的。朱道华教授的观点代表了大多数中国农业经济学者的观点，即农业经济

不仅要解决稀缺资源在农业中的配置问题和农业领域中的市场失灵问题，而且要研究农业中的生产关系问题，以及生产力与生产关系的相互作用问题[①]。

我们认同朱道华教授的观点，中国的农业经济学必须研究农业中的生产关系，以及生产力与生产关系的相互作用。因此，农业经济学的研究对象是农业生产方式的运动规律，包括农业生产力的运动规律、农业生产关系的运动规律，以及两者相互之间的运动规律。

## 二、农业经济学的研究任务

农业经济学主要研究农业发展过程中各种经济变量之间的关系。其任务是通过揭示经济变量之间的数量关系，帮助生产者、消费者或政府部门进行经济决策或制定政策。

农业经济学的任务可以用优化资源配置来概括。经济学研究的资源必须同时具有两个特征：一是具有效用；二是具有稀缺性。资源是指社会经济活动中同时具有以上两个特征的人力、物力和财力的总和。在市场经济体制下，资源总是流向经营效率更高、出价能力更强的农场。所以，在市场机制的调节下，农场会主动地采用先进技术，改进经营管理，进而带动资源配置效率的提高。农业优化资源配置的具体任务可以分述如下：

任务一：产品层面的农业资源配置优化。

特定农产品的资源配置优化，无论是在微观层面还是在宏观层面，都可以由各要素的追加产出达到边际平衡之处来表达。它们之间的差异是：微观层面上，特定农产品的资源配置优化会受到项目投资周期、农场的资产负债状况、风险偏好等因素的影响；宏观层面上，特定农产品的资源配置优化会受到世界市场、国内经济状况、通货膨胀、经济周期波动等因素的影响。

一组农产品的资源配置优化，也是由各要素的追加产出达到边际平衡之处来表达的。它们的求解思路是一致的，但求解的复杂程度会有较大的不同，因为对应于单个产品是一个方程，而对应于一组产品是一个联立方程组。

任务二：区域层面的农业资源配置优化。

中国幅员辽阔，农业资源的区域差异很大。所谓区域层面的农业资源配置优化，就是适应和利用资源禀赋的区域差异，因地制宜地进行农业生产力布局，形成主导功能明晰、效益趋于均衡的区域分工体系，将各地区的资源比较优势充分发挥出来，将各地区的经济竞争优势充分培育出来。为此，要以发挥比较优势和培育竞争优势为目标取向，完善各区域的农业生产力布局；通过促进农业区域分工，提高专业化水平；通过完善市场机制，促进农业生产要素的跨区域流动。

---

① 张忠根. 农业经济学 [M]. 2版. 杭州：浙江大学出版社，2016：8-10.

**任务三：国家层面的农业资源配置优化。**

从农业和国民经济其他部门的关系来看，农业的状况不仅会影响国民经济其他部门，也会在很大程度上受到国民经济其他部门的影响。例如，农产品价值的实现要依靠国民经济其他部门提供的市场，农业生产也要依靠国民经济其他部门提供的化肥、农药、薄膜、机械、电力等生产资料。

更为重要的是，随着经济发展水平的提高，国民经济其他部门对农业部门的拉动作用是逐渐加强的，而农业对国民经济其他部门的推动作用是逐渐下降的。例如，农产品价格对国民经济其他部门产品价格的影响是趋于下降的，而国民经济其他部门的产品价格对农业部门产品价格的影响是趋于上升的。农业与国民经济其他部门之间的资源流动的规模是随着商品化、市场化程度的提高而不断增大的，所以，国家层面的农业资源配置优化，绝不能就农业论农业，而要采用投入产出等方法，把它同国民经济其他部门的资源配置优化有机地统一起来。

## 三、农业经济学的研究方法

农业经济学的发展经历了经验推演形态、哲理思辨形态和结构分析形态三个阶段。在经验推演形态阶段，整个学说几乎都是由观察陈述组成的，即观察陈述是农业经济学最早采用的方法论。农业是人类社会最古老的生产活动，通过对农业生产经营过程的观察，产生了生产、消费、投入、产出、收入、支出，以及分工、合作等概念的陈述，观察陈述是对农业现象的梳理和总结。在哲理思辨形态阶段，观察陈述对整个学说仍有重大影响。到结构分析形态阶段，观察陈述仍然是整个学说的基础。总之，观察陈述对于农业经济学的发展是必不可少的，否则，哲理思辨就是无本之木、无源之水，遑论结构分析形态的再次跃迁。当然，有偏差或不当的观察陈述，因历史变迁、陈述对象发生质变而变得不再适宜的观察陈述，会随着学说的发展而被扬弃。

在哲理思辨形态阶段，抽象陈述的方法论得到重视。学者们试图通过抽象，把暗含在众多观察陈述中的本质提炼出来。抽象陈述在很大程度上克服了观察陈述过于细碎和不断重复的不足。但是，抽象陈述本身又存在着话语表达多义性、缺乏可操作性和难以保持操作上的一致性等不足。

为了消除这些不足，公理陈述的方法论进入学者的视野。这也是结构分析形态阶段与哲理思辨形态阶段的分野。所谓公理陈述，就是采用数学方法的陈述。其优点是话语表达具有唯一性、可操作性和操作上的一致性，有效地解决了诸多抽象陈述因为见解不同而争论不休等问题。但目前这项工作还远远没有完成。

在学习和研究过程中，要注意综合运用以下研究方法：

## （一）历史方法（追溯方法）

研究农业经济问题，通常会对特定的问题和解决办法进行历史的、综合的考察和分析，总结它们发展变化的原因、影响因素和可供选择的策略。

历史方法之所以重要，是因为曾经发生或经常发生的经济史实与从来没有出现过的逻辑推论相比，具有"真"和"实"两个特征。人们有理由相信，根据这些史实弄清经济事件发生和发展所需的条件，有助于经济事件的复制。这是热衷于复制经验的研究人员对历史方法和案例研究乐此不疲的原因之一。

随着经济统计工作的不断完善，历史上出现过的经济现象被越来越多地记录下来了。人们通过梳理和分析这些历史记录（或经济数据）发现，许多经济现象是经常出现的，它们的出现乃至变化是有章可循的。从概率论的角度看，一种经济现象重复出现的次数越多，今后继续出现的可能性就越大，变化也会越有章可循。这是热衷于凝练经济规律的研究人员对历史方法和计量研究乐此不疲的原因之一。

特定经济事物的发展在路径上具有一定的依赖性。根据这个假设，利用多年的经济记录（或时间序列数据）不仅可以模拟出特定经济事物的运行轨迹，而且可以对这个轨迹做适当的延伸，形成对未来的预测。这是热衷于把握未来的研究人员对历史方法和预测研究乐此不疲的原因之一。

历史方法的着眼点是弄懂历史有助于复制经验、感知规律和感知未来。它的理论基础是概率论。所做的工作是：具有确切的参数和经济模型在多大程度上能够成立，在多大的置信区间里具有稳定性。

历史方法是农业经济学研究最为基础的方法，也是极为重要的方法，但它并不是农业经济学研究的唯一方法。

## （二）跟踪方法

所谓跟踪方法，是针对追溯方法而言的，与广泛收集历史记录的追溯方法不同，跟踪方法是不断地跟踪现实中的农业经济运行。追溯历史有助于把握未来，跟踪现实更有助于把握未来，对隶属于应用经济学的农业经济学来说，跟踪研究可能要比追溯研究更为有效。在计算机网络、海量信息存储技术和现代通信工具没有出现之前，农业经济研究是无法采取跟踪方法的。当这些条件已经具备之后，跟踪方法将会变得越来越重要，我们绝不能对可采用的新方法无动于衷。探索并应用跟踪方法，正是新一代攻读农业经济的研究生大显身手的地方。农产品的品质当然有差异，但与其他产品相比，农产品的同质性是很高的。产品的同质性越高，其可加性就越好。这意味着农业部门是最适宜采用跟踪方法的部门，也是最容易形成跟踪方法的部门。

目前，股市上每天都有农业上市公司的海量数据，电子商务的交易规模扩张得非常快，可用于跟踪研究的信息越来越多，为采用跟踪方法研究农业经济问题提供了条件和机会。同理，利用电话和短信不断获取农户的最新信息，也为采用跟踪方法研究农业经济问题提供了条件和机会。

跟踪方法的提出，绝不是替代追溯方法，而是通过这个补充，使它们达到相得益彰的效果。

### （三）逻辑方法

逻辑方法包括归纳法和演绎法。所谓归纳法，就是根据大量事实归纳出新的认识或知识；所谓演绎法，就是从已知的判断或理论推导出新的认识或知识。

逻辑方法的重要性表现在以下四个方面：

第一，分析任何经济问题，都要先把影响它的内在因素和外在因素梳理清楚。要完成这项工作，必须采用逻辑方法。

第二，这项工作完成之后，接踵而来的是清理历史记录（或数据）中的偏差。要完成这项工作，也需要采取逻辑方法。

第三，社会科学不同于自然科学的一个显著特征，就是同一种事件重复出现的差异性表现得更为显著。要去伪存真，必须采用逻辑方法。

第四，至少到目前为止，并非特定经济事件的方方面面都能观察清楚，并形成记录（数据）的。完全根据观察得到的记录进行相关性分析，是有可能出现偏差的。比如，根据观察到的桌面上的两块小磁铁的运行轨迹，可以计算出它们之间的相关性。然而，这两块小磁铁很可能没有相关性，而都与桌面下没有观察到的一块大磁铁的运行轨迹有相关性。为了避免由此造成的偏差，客观上需要采用逻辑分析方法。

逻辑方法的归纳和演绎并不完全独立于历史方法和跟踪方法。它一方面为历史方法和跟踪方法提供逻辑上的支持，另一方面在历史方法和跟踪方法的基础上抽象出具有理论价值和政策含义的结论或创新。

### （四）定量分析方法

研究农业经济问题时，要善于采用数量分析方法，使其所揭示的规律和原则尽可能数量化、精确化，成为更加精确的科学。

#### 1. 两两比较方法（试验评价）

农业经济研究最初采用的是田间试验方法，通过比较对照，找到提高农业生产率的方法和途径。具体的做法是：通过以往研究的回顾、调查、交流，确定试验方案针对的问题，在此基础上抓住1~2个或少数几个试验因素。一般采用差异比较来确定试验因素的效应。为了确保试验的可比性，试验方案设计遵循的原则是：第一，唯一差异原则，即只对要研究的因素设置不同的水平，其余因素均应保持相对一致，以排除其他因素的干扰。第二，设置对照。通常以常规的农艺措施为比较基准，以确定试验效果。第三，试验材料，写明供试土壤、供试作物和试验材料等。第四，一致性。包括试验地块和对照地块的面积、长宽比例、重复次数及排列方法等。第五，田间观察记载、分析测定项目及方法。

### 2. 统计分析方法（总体评价）

统计分析方法，是一门研究收集数据、表现数据、分析数据、解释数据，从而认识数量规律的方法论科学。统计是20世纪人类最伟大的发现之一。统计研究有两个特点：一是用数字作为语言来表述事实；二是用大量表达事物的现象来勾勒事物整体特征。随着电子计算机的普及和软件的发展，信息储存手段以及数据信息的成倍增长，统计分析方法已广泛应用于社会科学的各个领域，统计分析方法成为处理多维数据不可缺少的重要工具。具体方法包括图表分析、聚类分析、判别分析、主成分分析、因子分析、对应分析、相关分析和回归分析，以及Logistic回归分析等。

### 3. 计量经济方法（因素评价）

经济学在社会科学中的地位类似于物理学在自然科学中的地位。为了更好地分析无限丰富和多变的经济现象，经济学家越来越重视研究方法的科学性，越来越重视实证分析，轻规范分析。随着大家的认同，观察调查、抽象假设、建立模型、得到结论、检验修正，已成为一般经济问题的通用研究程序。最基本的做法是：采用以回归分析为核心的数理统计方法对研究对象进行因果分析，在此基础上进行经济的结构分析、预测、政策评价和理论检验。

20世纪70年代之后，以历史数据为基础，从历史发展中寻找规律、研究未来的方法在许多应用中失灵。为了应对挑战，计量经济学从技术层面上进行了局部改进。比如，面对超小样本，采用贝叶斯统计分析方法，在样本信息之外应用非样本信息来完成定量分析。

计量分析的起点不是提出一个简单模型，而是利用可获得的所有变量以及它们的滞后项，构建一个一般的、动态的自回归分布滞后模型，然后将它逐步约化为变量与参数都很少的模型，实现从一般到简单的过程。按照这个原则，研究对象确定后，不同的研究者具有相同的起点，模型可用来验证理论，发展理论，而不再是失去公正性的廉价工具。

经济活动不仅表现为随机性，而且表现为模糊性。随机性是对因果律的否定，模糊性是对非此即彼的排中律的否定。所以，模糊数学方法的引入具有客观必然性。目前，模糊评判较为成熟，其余都在发展之中。模糊数学方法主要应用于经济决策和政策评价。模糊数学方法的引入开辟了计量经济学新的领域，并有可能形成有一定应用前景的计量经济学分支。

　　非线性经济学的基本假设是：个体的不可叠加性，时间上的不可逆性和空间上的有限性，这些假设与新古典经济学隐含的假设是不同的。新古典经济学假定：不同个体追求自身利益最大化的行为可以简单地叠加成总体状态，经济系统的演化在时间上是可逆的，经济增长具有无限的空间。相比较而言，非线性经济学的假设更加逼近实际。所以，非线性系统方法可能成为经济定量分析的方向，甚至有可能成为计量经济学方法的主流。

# 第二章 农产品市场基本理论

农产品市场供给关系到千家万户，关联广大人民的日常生活。随着农产品市场需求向多元化、高质量、绿色方向发展，要求农产品供给也要向多元化、优质高效、绿色健康方向努力。本章围绕农产品市场供给与需求、农产品的价格形成、农产品现货市场、农产品市场营销展开论述。

## 第一节 农产品市场供给与需求

### 一、农产品市场概述

广义的农产品市场指农产品流通领域交换关系的总和。狭义的农产品市场指进行农产品交易的场所。

农产品市场有多种分类方法。按照交易场所的性质，农产品市场可以分为产地市场、销地市场、集散市场与中转市场；按照农产品交易形式和商品交割时间可以分为现货交易市场和期货交易市场；按照农产品经营环节不同，可以分为批发市场和零售市场；按照交易农产品的品种，可以分为粮食市场、棉花市场、油料市场、蔬菜市场、肉禽蛋市场、水产品市场、水果市场、木材市场等；按照农产品交易的区域，可以分为国内市场和国际市场[①]。

根据市场中厂商的数量、产品的差异化程度、价格控制力、厂商进出行业的难易程度可以将市场结构分为完全竞争、垄断竞争、寡头垄断、完全垄断四种类型。农产品市场买者和卖者众多、产品差异不大、生产者自由进入和退出、买者和卖者都了解相关信息，农产品市场接近完全竞争市场。

---

① 李周，杜志雄，朱钢. 农业经济学 [M]. 北京：中国社会科学出版社，2017：50.

## 二、农产品供给

某种商品的供给是指厂商在某一特定时期内,在各种价格水平下愿意而且能够提供的该商品的数量。农产品供给则是指在一定的时间和价格条件下,农业生产或经营者愿意并且能够出售的某种农产品的数量。农产品供给的形成有两个条件:一是农产品供给的能力;二是有出售农产品的愿望。任何商品的供给都是供给意愿与供给能力的结合,农产品也不例外。如果只有供给愿望而没有能力,或相反,有能力但没有意愿,都不能构成农产品的有效供给。

农产品供给的基础是农业生产,但供给是一个市场概念,如果没有市场行为,就不构成供给。以粮食为例,如果收获后被存储在仓库里作为储备粮,或用于自给性消费,则不能叫作供给。由于生命物质与生物化学特性,在许多情况下,农产品的供给与工业品的供给不同,有着联合供给的特性,如羊肉和羊毛的供给、鸡肉和鸡蛋的供给。联合生产的存在使得农产品的供给情况较工业品复杂得多,分析起来较为困难。如果进一步拓展农产品的概念,如将农业生产所伴随的生态与环境收益也作为农产品来理解,则情况就更为复杂。为了得出一般的结论,我们在此仍然假定农业生产为单独生产,假定农产品只是传统的有形的农产品,如粮食、棉花、油料、肉禽蛋类等。

### (一)农产品供给函数

现实中,影响商品供给的因素非常多,如商品本身的价格、生产的技术水平、生产成本、相关商品的价格、生产者对未来的预期、政府政策等。以上因素可以简单归纳为价格因素和非价格因素。某种农产品的供给函数是指该农产品的供给量与其各影响因素之间的函数关系,如果把影响该农产品供给的因素作为自变量 $a_i$,把供给量作为因变量记作 $Q_s$,则农产品的供给函数可以写为:

$$Q_s = f(a_1, a_2, a_3, \cdots, a_i)$$

在供求分析中,最为重要的是价格因素。假定非价格因素保持不变,仅仅考察农产品本身的价格与其供给量之间的关系,则农产品的供给函数可以简化为:

$$Q_s = f(P)$$

式中,$P$ 为农产品的价格水平。

经济学中把某种商品的价格与其供给量之间的关系称为供给定理。其基本内容是:在其他条件不变的情况下,某商品的供给量与价格呈正向变动,即供给量随着商品本身价格的上升而增加,随商品本身价格的下降而减少。

农产品的供给量与价格之间的关系也符合供求定理。

## （二）农产品供给的影响因素

（1）农产品自身价格。正常情况下，在其他条件不变的情况下，农产品自身的价格越高，农民愿意生产与出售的农产品数量越多；反之，价格越低，农民愿意生产与出售的农产品数量越少，这一点和其他商品一致。但由于农产品的生产周期较长，农民决定产量所依据的价格与产量并不同步，也就是说，当期的价格并不决定当期的产量，而只能影响下期的产量，这是多数农产品与工业品的不同之处。

（2）相关农产品价格。从用途上看，相关农产品可以分为替代品与互补品。替代品表示用途相似的商品，如小麦和大米。它们可以由不同的生产者生产，可以通过不同渠道获得，如国内生产与进口；互补品则表示必须共同使用才能发挥作用的农产品，如做蛋糕要用面粉与鸡蛋两种原料。

某种农产品替代品价格的变化，会使该农产品的供给量反方向变化。例如，小麦价格的上涨，会使得种植水稻变得相对无利可图，故水稻的供给会下降。而某种商品互补品价格的变化，则会使该农产品的供给量同方向变化。

从与资源的关系上看，相关农产品可以分为竞争性农产品和连带性农产品。竞争性农产品是指对于资源的竞争，如同一片土地资源，如果用来生产粮食，就不能用来生产葡萄，这时候粮食与葡萄就成了竞争性农产品；连带性农产品又称为联合产品，是指使用同样的要素，不可避免地产生于同一个生产过程中的两种以上的产品，如鸡肉与鸡蛋、羊肉与羊毛。连带关系较为复杂，在此仅以最简单的连带关系为例。某种农产品竞争性商品价格的变化，会导致该农产品供给量反方向变化，如相对于小麦来说，竞争品葡萄价格如果上涨，农民就会有将小麦地改种葡萄的倾向，从而使小麦的供给量减少。相反，某种农产品连带性产品价格的变化，会引起该种农产品供给量同方向变化，如羊毛价格的上涨，会导致绵羊供给的增加，从而使羊肉的供给量也增加。

（3）生产要素成本价格。农业生产要素从大的方面可分为劳动、资本、土地与企业家才能。但具体到我国的农业，由于多数为分散的小农家庭经营，企业家才能这一要素可以忽略不计，对于一个家庭来说，土地的数量变化较小，可以认为近似不变。所以，生产要素或成本就主要由劳动与资本投入构成。

在我国，由于农村劳动力过剩，农业生产使用雇佣劳动的比率极低，农民在计算生产成本时，并不习惯于计算劳动力投入，随着非农就业机会与农业雇佣劳动使用量的增加，这种成本已经越来越显著，也引起了农民的重视，如果没有直接的雇佣费用，计算时应以农民投入相同时间与劳动强度在城镇从事非农工作的收入为参考。

劳动力的价格或使用费越高，农产品生产的成本就越高，供给量将越少；反之，劳动力越廉价，农产品生产成本将越低，供给量将越大。农业生产中的资本投入包括农业机械、畜力、农膜、种子、肥料、农药、饲料等，生产要素价格与农产品供给成反方向变化，这与一般商品毫无二致。

（4）生产技术与方法。生产技术与方法包括育种技术、防病和防灾能力、产量的提高、水土保持以及耕作方法的改进等，还包括复种指数，各种投入的效率，对水资源、能源、土地资源等的节约等。生产技术水平与供给能力呈正相关，但生产技术的应用要有限度，以保证农业发展的可持续性。如过量投放化肥、农药，或复种指数过高，则会使土壤质量下降、生态环境恶化、食品质量下降，从而使长期供给能力下降。

（5）农业资源条件。与工业生产不同，农业资源条件对于农产品的供给有非常大的影响。农业资源条件包括土质、地形、降水、光、温、热、动植物资源等，良好的自然条件有利于供给的稳定与增加，反之则会减少农产品供给。

（6）政府政策和法律。政府对农产品价格、农产品进出口、土地、税收、农资生产与价格、环境保护等政策与法律，都会不同程度地影响农产品的供给。如政府对粮食价格的补贴、对进口的限制等政策都会导致粮食产量的提高。

（7）生产者对未来的预期。生产者对未来的预期也会影响农产品的供给，包括对农产品价格的预期，对气候和政府政策等的预期。如果预期乐观，供给将会增加，否则会减少。

## （三）农产品的供给价格弹性

### 1. 供给价格弹性计算

弹性是用来表示因变量对自变量变化的反应强度或敏感程度的一个概念。对于任何存在因果关系的两个变量之间，都可以考察其弹性。以 $Y$ 代表因变量，以 $X$ 代表自变量，弹性大小可以用弹性系数来表示：

$$弹性系数 = \frac{因变量的变化率}{自变量的变化率} = \frac{\Delta Y/Y}{\Delta X/X} = \frac{\Delta Y}{\Delta X} \cdot \frac{X}{Y}$$

根据考察范围的不同，弹性系数又分为弧弹性和点弹性两种。弧弹性指曲线两点之间的弹性系数，点弹性则指一个点上，或自变量的变化量趋于零时的弹性系数。由此可知，弧弹性系数为：

$$E = \frac{\Delta Y/Y}{\Delta X/X}$$

点弹性系数为：

$$E = \lim_{\Delta X \to 0} \frac{\Delta Y/Y}{\Delta X/X} = \frac{\mathrm{d}Y/Y}{\mathrm{d}X/X} = \frac{\mathrm{d}Y}{\mathrm{d}X} \cdot \frac{X}{Y}$$

由于影响农产品供给的因素很多，所以，关于农产品的供给，理论上也可以建立多种弹性系数，但如果不做特殊说明，我们一般所说的供给弹性是指供给量与农产品本身价格之间的关系，称作供给的价格弹性或简称供给弹性。

农产品供给价格弹性，又称供给弹性，是指某种农产品的市场供给量对其价格变化反应的灵敏度，即指农产品供给量变动率对价格变动率的比率。

由于价格与供给量的变化方向一般来说是一致的，所以供给弹性一般为正值。

### 2. 供给弹性分类

供给弹性的大小一般可分为五类：

（1）当 $E_s$ >1 时，称为供给富有弹性，表明价格变动幅度小于供给量的变动幅度。

（2）当 $E_s$ <1 时，称为供给缺乏弹性，表明价格变动幅度大于供给量的变动幅度。

（3）当 $E_s$ =1 时，称为单位弹性，表明价格变动幅度与供给量变动幅度相等。

（4）当 $E_s$ =0 时，称为供给完全无弹性，表明不论价格变化幅度多大，供给量都不受影响。

（5）当 $E_s$ =∞ 时，称为供给无限弹性，表明价格不变，供给量在变化。

最常见的情况为前两种，即供给富有弹性和供给缺乏弹性的情况，而后三种情况尽管存在，但并不常见。

### 3. 影响供给弹性的因素

影响供给弹性的因素主要有以下四个：

（1）农产品生产周期。生产周期长的农产品，在生产周期内价格变动，对供给量影响甚微，所以，在生产周期内供给弹性小，但能影响下一个周期的供给量。生产周期短的农产品，价格变化快，容易调节生产计划，相对富有弹性。

（2）改变生产规模的难易程度。不易改变生产或加工条件的产品，供给弹性小，反之则大。一般来说，对资金、技术密集型的产品改变生产规模或加工条件比较困难，供给弹性小；对劳动密集型的产品改变生产规模或加工条件较容易，供给弹性大。

（3）价格变动的影响期长短。影响期越长，供给量对价格做出的反应越大，即供给弹性大。对于在瞬间内生产者来不及对生产做出调整，无法变动供给量的，如某些鲜活易腐的农产品，不易储存，供给弹性几乎等于零。如果时间稍长些，生产者则可以对可变要素进行调整，供给弹性稍大。如果时间足够长，使生产者能够对所有可变要素和不变要素进行调整，形成新的生产能力或转移原有的生产能力，则供给弹性就大。

（4）产量增加引起成本增加的程度。如果产量增加的幅度大于成本增加的幅度，则供给弹性大，反之则供给弹性小。

总之，农产品的供给，由于受自然条件的影响大，生产周期一般较长，而且多为鲜活产品，不易储存，加之受到土地面积和生物本身生产能力（如出奶量、产蛋率、产崽数）等条件的限制，不可能迅速或无限扩大规模，因而供给弹性较小。

## 三、农产品需求

对某种商品的需求是指消费者在某一特定时期内，在每一价格水平下愿意而且能够购买到的该商品的数量。需求是购买欲望和购买能力的统一，缺少任何一个条件都不能成为经济学意义上的需求。因此，不能把需求与一般所说的"需要""欲望""想要"等概念混为一谈。同理，消费者对农产品的需求是指在一定时期内，在各种可能的价格水平下，消费者愿意购买而且能够购买的该种农产品的数量。

### （一）农产品需求函数

现实中，影响商品需求的因素非常多，如商品本身的价格、消费者的收入水平、相关商品的价格、消费者的偏好与习惯、消费者对商品价格与未来收入的预期、市场的发育程度、政府政策等。与研究供给的情况一样，以上因素也可以简单归纳为价格因素和非价格因素。某种农产品的需求函数是指该农产品的需求量与其各影响因素之间的函数关系，如果把影响该农产品需求的因素作为自变量 $b_i$，把需求量作为因变量记作 $Q_d$，则农产品的需求函数可以写为：

$$Q_d = f(b_1, b_2, b_3, \cdots, b_i)$$

在供求分析中，最为重要的是价格因素。假定非价格因素保持不变，仅仅考察农产品本身的价格与其需求量之间的关系，则农产品的需求函数可以简化为：

$$Q_d = f(P)$$

经济学中把某种商品的价格与其需求量之间的关系称为需求定理。其基本内容是：在其他条件不变的情况下，某商品的需求量与价格呈反向变动关系，即需求量随着商品本身价格的上升而减少，随商品本身价格的下降而增加。需要注意的是，在这一定理中，价格是严格的自变量。

农产品的需求量与价格之间的关系一般而言也符合需求定理。即在其他条件不变的情况下，随着价格的提高，需求量会减少；随着价格的下降，需求量会增加。理解需求定理的关键是"其他条件不变"的假设，如收入水平、其他商品价格水平不变等。否则会得出一系列似是而非甚至相反的结论。如在饥荒时，土豆的价格尽管不停地上涨，但土豆的消费量却反而增加，因此，有人认为土豆是特殊商品，不符合需求定理。这种推论显然忘记了饥荒这一基本背景。再如有人认为人们面对首饰、股票等商品，都会有"买涨不买跌"

的心理。因而这类商品也是需求定理的例外，但这种行为恰恰是预期价格变化的结果，可见"其他条件"已经变了。

## （二）农产品需求的影响因素

如前所述，影响需求的因素很多，有价格因素和非价格因素，进一步区分它们，有助于理解需求的变化与均衡价格的形成。这里所说的价格因素是指所研究的农产品本身的价格，非价格因素则指除产品本身价格之外的所有其他因素，如收入水平、人口数量与结构、消费者的偏好等。

（1）农产品本身的价格。这是研究中最为主要的变量，如需求定理所指出的：在其他条件不变的情况下，农产品本身的价格与其需求量呈反相关。

（2）消费者的收入水平。在其他条件一定时，一般来说，收入水平越高，消费者的购买能力越强，对某种商品的需求也会随之提高。但对于某些农产品，随着收入水平的提高，需求量可能不但不会增加，反而会减少。经济学上把这类商品叫作低档品，如随着人们收入水平的提高，对于谷物的直接消费量明显减少。

（3）人口数量与结构。人口数量越多，对于农产品的需求量会越大，人口增长越快，对农产品的需求量的增长也就越快。这里的基本原因是：农产品以食品为主，而人人无疑都要吃饭。

人口结构包括人口的地理分布、年龄性别结构与社会结构。地理分布可以用人口密度来表示，人口密度越大，对农产品的需求量越大。不同年龄层次的人，消费结构和需求也会有所差异，如婴幼儿对牛奶的需求量相对较大，而对于蔬菜和肉类的需求相对较小；男性较女性食量更大一些。社会结构包括人的职业、文化程度、社会地位与信仰等，这些因素对于农产品的需求也会产生影响，如素食主义者，他们对于肉类的需求等于零。

（4）消费者的偏好。不同消费者对不同农产品有不同的偏好，如果消费者都偏好某一种产品，则一定会造成该种产品需求量增加，反之亦然。决定一个消费者偏好的因素很多，如年龄、性别、职业、文化水平、生长环境、阅历、社会地位、经济能力、政治倾向、社会思潮、广告宣传、医学知识等，都在一定程度上影响着人们的消费偏好。偏好并不是一成不变的，上述任何因素的变化都可能导致消费者偏好的改变。但在分析消费者行为时，我们假定对于某一个消费者来说，他的偏好是稳定的。

（5）相关农产品的价格。相关农产品可以分为替代品与互补品两种。某种农产品替代品的价格与该农产品的需求量呈正相关。如替代品价格上涨，会使该农产品相对便宜，故需求量上升。同理，某种农产品互补品的价格与该农产品的需求量呈反相关。如某种农产品的互补品价格上涨，会使共同使用的费用提高，从而对该农产品的需求量下降。但由于农产品多属于初级产品，严格互补的农产品在现实中并不多见。

（6）消费习惯与文化。由于传统文化、农业结构、自然地理以及气候等因素的不同所形成的不同消费习惯会影响农产品的消费，例如，四川人、湖南人对辣椒的偏好，影响其食品结构，从而对农产品需求产生影响。再如北方的面食文化、南方的稻米文化会影响这两个地区对小麦与大米的需求。

（7）其他产业发展对农产品的需求。随着国民经济的发展，饲料、纺织、化工、商业等行业对农产品需求不断增加，日益成为农产品市场需求的重要组成部分。如农产品加工业的规模越大，发展速度越快，对初级农产品的需求也越多。

### （三）农产品的需求价格弹性

由于影响农产品需求的因素很多，所以，关于农产品的需求，理论上也可以建立多种弹性系数，但如果不做特殊说明，我们一般所说的需求弹性是指需求量与农产品本身价格之间的关系，称作需求的价格弹性或简称需求弹性。

由弹性的一般定义可知，某种农产品需求的价格弹性是指农产品需求量的变化对于其价格变化反应的灵敏程度，或农产品需求量的变化率与其价格变化率之比。不同的农产品，其需求弹性是不同的，这种不同可以由弹性系数来区分。需求的价格弹性系数仍分为弧弹性与点弹性，以 $E_d$ 表示需求价格弹性，$Q_d$ 表示需求量，由定义可知，需求的价格弧弹性公式为：

$$E_d = - \frac{\Delta Q_d / Q_d}{\Delta P / P} = - \frac{\Delta Q_d}{\Delta P} \cdot \frac{P}{Q_d}$$

点弹性公式为：

$$E_d = - \lim_{\Delta P \to 0} \frac{\Delta Q_d}{\Delta P} \cdot \frac{P}{Q_d} = - \frac{dQ_d}{dP} \cdot \frac{P}{Q_d}$$

#### 1. 需求弹性的分类

需求弧弹性的大小一般可分为以下五类：

（1）当 $E_d > 1$ 时，称为需求富有弹性，表明价格变动幅度小于需求量的变动幅度。

（2）当 $E_d < 1$ 时，称为需求缺乏弹性，表明价格变动幅度大于需求量的变动幅度。

（3）当 $E_d = 1$ 时，称为单位弹性，表明价格变动幅度与需求量变动幅度相等。

（4）当 $E_d = 0$ 时，称为需求完全无弹性，表明不论价格变化幅度多大，需求量都不受影响。

（5）当 $E_d = \infty$ 时，称为需求无限弹性，表明价格不变，需求量在变化。

最常见的情况为前两种，即需求富有弹性和需求缺乏弹性的情况，而后三种情况尽管存在，但并不常见。

### 2. 需求弹性的影响因素

影响需求弹性的因素主要有以下方面：

（1）某种农产品对人们生活的必需程度。一般来讲，生活必需品，需求弹性小。因需求量比较稳定，受价格影响小，如米、面、菜等人们的需求量基本不因价格变动有太大增减。反之，非生活必需品，如水果、水产品，会因价格的变化而有较大幅度增减。再如甲鱼、人参之类的农产品，则属于奢侈品，其需求弹性更大。

（2）某种农产品的可替代性。替代品种类越多，可替代性越大，其需求弹性也越大。反之不易被替代的农产品，如食用油，需求弹性小。

（3）某种农产品本身用途的广泛程度。一般来说，农产品用途越广泛，其需求弹性越大，用途越少，其需求弹性会越小。如玉米，因其可以用来加工食品、酿酒、加工饲料、作为生物能源的原料，其用途非常广泛，所以，其价格的轻微变化就会引起需求量较大的变化。而甘蔗由于主要用于榨糖，其价格的变化对于需求量不会有太大影响。

（4）某种农产品在消费者支出中所占比重。如果所占比重小，消费者对这种农产品价格变化反应不灵敏，需求弹性小，反之则需求弹性大。

（5）以农产品为原料的工业对某种农产品的依赖程度。如果某种工业对某种农产品的依赖程度大，则该农产品的需求弹性小，反之则需求弹性大。如橡胶制品业对天然橡胶的依赖程度非常大，使得其对天然橡胶的需求弹性非常小。

### 3. 需求交叉价格弹性

许多产品之间存在一种替代关系，如猪肉和牛肉之间，多消费猪肉就可少消费牛肉，牛肉价格的变动必然影响到猪肉的需求量。我们把某种农产品需求量对其相关农产品价格变动的反应灵敏程度叫作需求交叉价格弹性，某种农产品需求量的变动率对相关农产品价格变动率的比值叫作需求交叉价格弹性系数，用公式表示为：

$$E_{xy} = \frac{\Delta Q_y / Q_y}{\Delta P_x / P_x} = \frac{\Delta Q_y}{\Delta P_x} \cdot \frac{P_x}{Q_y}$$

式中，$E_{xy}$ 为商品 $Y$ 对商品 $X$ 的交叉弹性系数，即商品 $X$ 价格变化对商品 $Y$ 需求量的影响程度。

需求交叉价格弹性系数可以是正值，也可以是负值。如果两种农产品是替代品，则交叉弹性为正值；如果两种农产品为互补品，则交叉弹性为负值。

## 四、需求收入弹性与恩格尔系数

### (一) 收入弹性

为了更精确地反映收入对需求量的影响,我们引进需求收入弹性的概念,它是指需求量的变化对消费者收入变化反应的灵敏程度。需求收入弹性系数等于需求量的变动率与收入变动率之比。如果以 $I$ 表示收入,以 $E_I$ 表示收入的弹性系数,则:

$$E_I = \frac{\Delta Q_d / Q_d}{\Delta I / I} = \frac{\Delta Q_d}{\Delta I} \cdot \frac{I}{Q_d}$$

理论上,收入弹性系数也有点弹性与弧弹性之分,但常用的仍是弧弹性。

根据需求的收入弹性,商品可以被分为正常品和低档品。所谓正常品,是指随着收入水平的提高,需求量也提高的商品;所谓低档品,是指随着收入水平的提高,需求量不升反降的商品。可见,正常品的收入弹性大于0,低档品的收入弹性小于0。进一步,正常品可以分为奢侈品和必需品,奢侈品是指需求的收入弹性大于1的商品,也就是富有收入弹性的商品;必需品是指收入弹性小于1的商品,也就是缺乏收入弹性的商品。需要注意的是,这种划分与实际生活中所说的奢侈品或必需品的概念并不完全吻合。

农产品中尽管也有不少奢侈品,但大量及大宗的农产品却不幸属于必需品甚至是低档品。与多数工业制成品或劳务相比,其收入弹性普遍偏低。

在实际中,奢侈品、必需品和低档品是相对而言的,同一产品,对高收入者来说可能是低档品,但对低收入者来说则可能是奢侈品;同一产品对同一消费者来说,在一个时期内可能是奢侈品,但在另外一个时期内可能又是低档品。

如果历史地来研究消费者对农产品的需求量变化的演变过程,可以大致分成五个不同阶段:在第一阶段,消费者收入水平很低,对农产品的需求量也很少。在第二阶段,随着收入的增加,消费者把增加的大部分收入用于食品消费,对农产品的需求量急剧增加。在第三阶段,随着收入的增加,消费者把增加的收入,除少部分用于食品支出外,更多的则用于改善生活的其他方面,如居住、衣着、教育等,因此,对农产品需求量增加速度放慢。在第四阶段,随着收入的增加,消费者对农产品的需求量不再增加,保持在一定的水平上。因为这时对农产品的消费量基本达到了饱和状态。在第五阶段,随着收入的继续增加,消费者对低档农产品的需求继续下降。这种历史的分析,对我们了解消费者收入状况以及对农产品需求所处的阶段性是非常有用的,从而可以把握农业发展所处的历史阶段。

了解这一特点的意义在于,如果收入提高后,人们并不提高甚至要减少对农产品的消费,那么收入的增加或整个经济水平的提高就不可能被多数农业生产者分享,投资者就不会有强烈的动机投资农业。这也是在各国的发展过程中农民收入提高缓慢的原因之一。

## （二）恩格尔系数

恩格尔系数是指食物支出与全部生活消费支出之比，用 $E_n$ 代表恩格尔系数，其公式表示为：

$$E_n = \frac{食物支出}{全部生活消费支出} \times 100\%$$

恩格尔系数以德国统计学家爱恩斯特·恩格尔的名字命名。19 世纪中叶，恩格尔在调查英国、法国和比利时等国不同家庭时发现了一个规律：一个家庭收入水平越低或越贫穷，其食品支出在收入中所占的比例越大；反之，一个家庭收入水平越高或越富有，其食品支出在收入中所占的比重越低。对于一个国家来说，情形也是如此，这一规律被称为恩格尔定律。

恩格尔系数在研究消费和经济发展中具有重要意义，具体如下：

第一，恩格尔系数揭示了居民食品消费与收入之间的定量关系。恩格尔系数首次提出了食品消费与支出之间的数量关系，发现了收入水平的变化对食品消费的影响，揭示了消费受收入水平影响而变化的趋势和规律。

第二，恩格尔系数是衡量一个国家或一个地区人民生活水平的重要指标。联合国粮农组织将恩格尔系数作为判断生活水平的标准。一般而言，恩格尔系数越小，生活越富裕，反之则越穷。因此，通过比较分析恩格尔系数，可以粗略地反映一个国家或地区人民生活的贫富程度。

第三，恩格尔系数对于研究消费结构（如衣着等）具有重要意义。首先，将消费结构进行分类，进而考察各类消费占总消费支出的比重。食品消费结构分析同样需要对食品进行分类，并考察各类食品消费占总食品消费的比重。其次，恩格尔定律同样可以运用于食品内部结构的分析上。食品中最基本的组成部分是粮食，粮食又是食品中最缺乏需求弹性的，粮食消费比重的下降必然导致食品结构的变化。

## （三）农产品供求平衡与均衡价格的决定

### 1. 均衡价格

均衡价格是指一种商品的需求与供给相等时的价格。需求与供给是两种既相互依存又相互制约的力量。市场在供给与需求的共同作用下，形成了商品的均衡价格，而均衡价格的高低与变化趋势则反映了供求状况。市场在价格信号的指导下，重新配置资源，以达到或接近供求平衡。图 2-1 是均衡价格形成的几何图解。

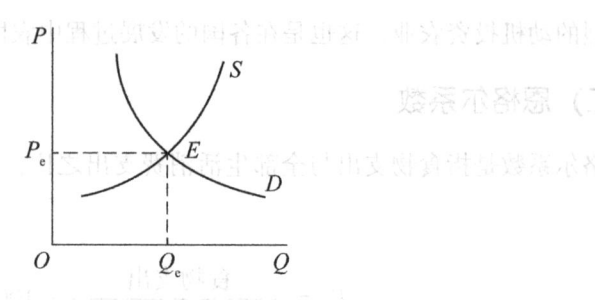

图 2-1 均衡价格形成的几何图形

图中 S 与 D 分别代表供给曲线与需求曲线，在两条曲线的交点 E 上，供给和需求达到了均衡，对应于均衡点的价格 $P_e$ 为均衡价格，数量 $Q_e$ 为均衡数量。

在均衡点上，没有过剩与短缺存在。但在现实经济活动中，出于各种原因，需求与供给之间往往在总量上、时间上、空间上、结构上产生偏差，经济学上把这种偏差叫作不均衡或非均衡。

非均衡状态有两种：一种是过剩，即供给大于需求的状态；另一种是短缺，即需求大于供给的状态。

如图 2-2（a）所示，当市场价格高于均衡价格而处在 $P_1$ 时，生产者愿意而且能够生产的产量即供给量为 $Q_s$，而消费者愿意购买而且能够购买的数量即需求量为 $Q_d$，此时不管相对于均衡数量还是消费者的需求量，都存在过剩；如图 2-2（b）所示，当市场价格低于均衡价格而处在 $P_2$ 水平时，消费者的需求量为 $Q_d$ 大于生产者的供给量 $Q_s$，此时不管相对均衡数量还是消费者的需求量来说，都存在短缺。

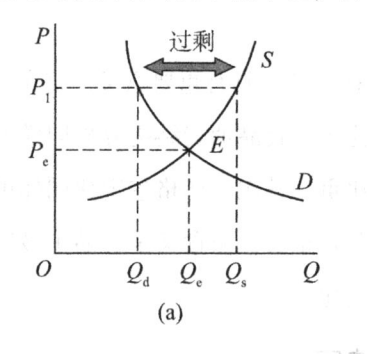

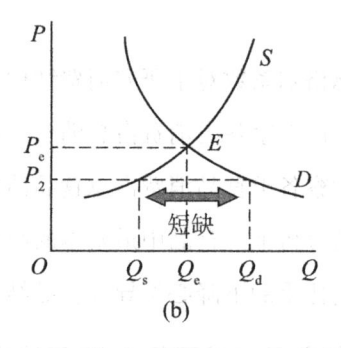

图 2-2 价格偏离均衡价格时产生过剩与短缺

那么，在供求不均衡时，价格又是如何调节的呢？下面以过剩为例说明这一原理，如图 2-3 所示，当价格为 $P_1$ 时，市场上供给大于需求，出现过剩。面对过剩的供给量，消费者这时愿意支付的价格仅为 $P_2$，而生产者出于成本等原因，愿意出售的价格为 $P_1$。

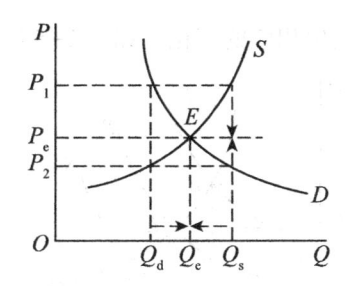

图 2-3　均衡价格的作用

为了成交，生产者与消费者双方都必须做出适当让步，妥协的结果是生产者降低价格，消费者提高支付意愿，使价格朝着均衡价格的方向调整。在被迫降价的同时，为了避免更大的损失，生产者会减少产量或干脆退出，从而使过剩得到缓解。

由于生产者降价，消费者能够购买到的数量即需求量也得到了相应提高，从而使得供给与需求的差额进一步缩小，产量最终也朝着均衡数量的方向调整。这一过程叫作价格机制或"看不见的手"的原理。

值得注意的是，上述原理只有在产品市场与要素市场都是完全竞争的条件下才能成立，如果存在垄断力量或政府干预，则价格不一定会下降。

**2. 均衡价格的变动与供求规律**

均衡价格会随着供给和需求的变化而变化，如前所述，供给与需求受很多因素的影响，以上讨论的是价格因素，接下来将要讨论的是非价格因素的影响。为了使问题简化，在此我们使用经济学中常用的比较静态均衡分析法。

（1）需求变动对均衡价格的影响。假定供给不变，非价格因素的变化导致需求曲线移动，均衡价格的变动如图 2-4 所示。

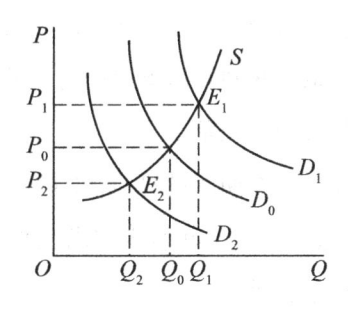

图 2-4　需求变动引起的均衡价格变动

供给不变时，需求增加，如图 2-4 中需求曲线由 $D_0$ 移动到 $D_1$ 时，会导致均衡价格与均衡数量增加；反之，需求减少，如图 2-4 中需求曲线由 $D_0$ 移动到 $D_2$，会导致均衡价格与均衡数量同时下降。

（2）供给变动对均衡价格的影响。假定需求不变，非价格因素的变化引起了供给的变化，均衡价格与均衡数量也会发生相应的变化，如图 2-5 所示。

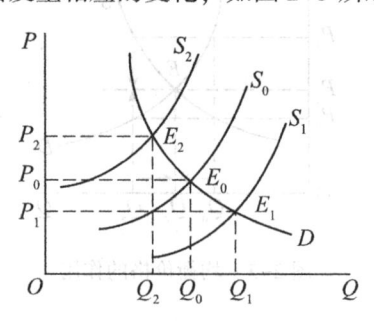

图 2-5 供给变动引起的均衡价格变动

需求不变时，供给增加，如图 2-5 中的供给曲线由 $S_0$ 移动到 $S_1$，结果会使均衡价格下降，均衡数量增加；反之，如果供给减少，如图 2-5 中供给曲线由 $S_0$ 移动到 $S_2$，会导致均衡价格上升，均衡数量下降。

（3）供求定理。从上述对供给与需求变动的比较静态均衡分析中，我们可以得出供求定理：在供给不变的情况下，需求的变化会导致均衡价格与均衡数量同方向变化；在需求不变的情况下，供给的变化会导致均衡价格反方向变化，均衡数量同方向变化。

### 3. 蛛网理论下动态分析

在分析均衡价格的形成时，我们使用了静态分析；在分析均衡价格的变动时，我们使用了比较静态分析。以上两种分析方法的特点是不考虑时间因素。但在现实中，由于农产品生产周期较长，其供给并不能随价格的变化快速调整，致使生产者的供给与市场价格信号之间形成一个时间差。

蛛网理论是由英国经济学家卡尔多（N. Kaldor）命名的，这一理论引进了时间因素，通过对属于不同时期的需求量、供给量、均衡价格和均衡数量之间相互作用的考察，分析农产品价格波动的原因及均衡结果。蛛网则形象地说明了随着市场价格的变化，农产品的供给和需求围绕均衡量呈蛛网状波动的现象。

蛛网理论的基本假设是：商品的本期产量 $Q_t^s$ 取决于前期的价格 $P_{t-1}$，而商品的需求量 $Q_t^d$ 取决于本期的价格 $P_t$，根据这一假设，并假定需求函数与供给函数均为线性，蛛网理论于是可以用以下三个联立方程来表示：

$$Q_t^d = \alpha - \beta P_t$$

$$Q_t^s = -\delta + \gamma P_{t-1}$$

$$Q_t^d = Q_t^s$$

式中，$\alpha$、$\beta$、$\delta$、$\gamma$ 均为常数，且均大于 0。

蛛网理论分析了农产品价格和产量波动的以下三种情况：

（1）收敛型蛛网。当农产品供给弹性小于需求弹性时，价格变动对供给的影响程度小于对需求的影响程度，蛛网为收敛型，如图 2-6 所示。假定某种农产品第一生产周期的产量为 $Q_1$，此时，农产品市场需求量大于供给量，供不应求，消费者愿意以较高的价格 $P_1$ 购买，消费者愿意购买的价格决定了市场价格为 $P_1$，远远高于均衡价格 $P_e$，生产者根据这一价格信号，决定在下一个生产周期将产量增加到 $Q_2$。由于产量大幅度增加，出现了供大于求的局面，消费者愿以低于均衡价格的价格 $P_2$ 购买，使得市场价格下降到 $P_2$。根据这一信号，生产者决定在下一个生产周期将产量削减到 $Q_3$。如此反复，价格最后收敛于均衡点 $E$，生产量逐步趋于稳定，价格也趋于稳定。

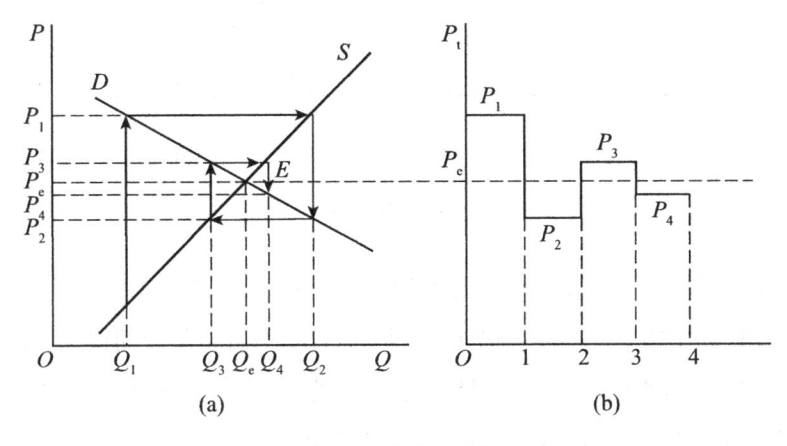

图 2-6　收敛型蛛网

（2）发散型蛛网。当农产品供给弹性大于需求弹性时，价格变动对供给的影响程度大于对需求的影响程度，蛛网为发散型。如图 2-7 所示，其波动过程大致和前一种情况相同，只是在连续时期内价格和产量的波动越来越大，距离均衡点越来越远。因此，在这种情况下，均衡是不稳定或不存在的。

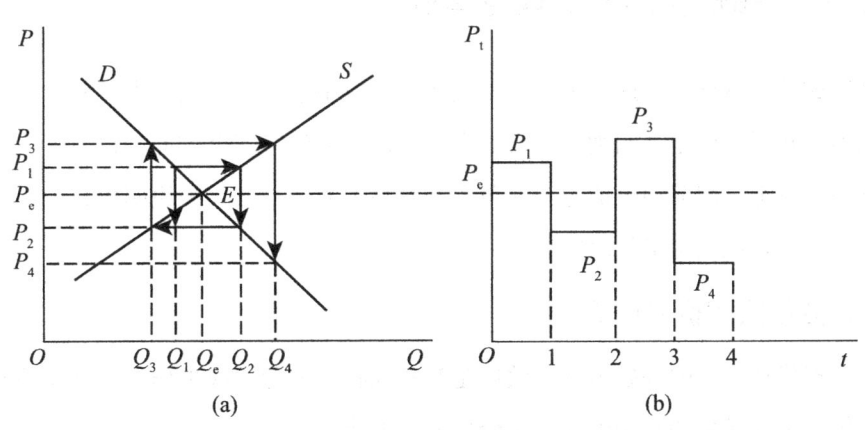

图 2-7　发散型蛛网

（3）封闭型蛛网。当农产品供给弹性等于需求弹性时，价格变动对供给和需求的影响相等。当价格下降时，需求增加的幅度与供给减少的幅度相等；当价格上升时，需求下降的幅度与供给增加的幅度也相等。产量与价格总是对等波动，从而在一个封闭型蛛网内循环，如图 2-8 所示。

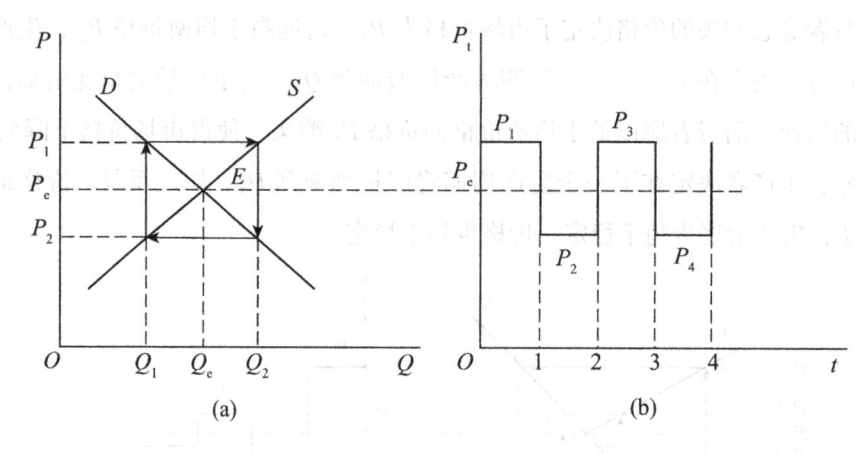

图 2-8 封闭型蛛网

蛛网模型虽然简单，但在一定程度上把握了农产品价格与产量动态变化的主要特征——波动。该模型的缺陷在于，将波动归因于生产者对价格的预期模式，即基于前期的销售价格。事实上，理性的生产者会根据经验不断修正自己的预期模式，因而农产品价格的波动并不会如模型所预测的那样剧烈甚至呈发散状态。

# 第二节 农产品的价格形成

## 一、农产品价格形成的理论基础

价格形成的基本理论长期以来一直是经济学研究中争论的问题。人们对价格形成的解释和认识不尽相同，但是，归纳起来看，有关的理论大致有三个方面：以效用或边际效用来说明价格的决定；用劳动价值论，即包含在商品中的劳动量，来说明价格的决定；以供给与需求的关系来说明价格的决定。

### （一）效用决定价格理论

效用是现代经济学的基础范畴。效用是对各式各样的劳动成果作用的抽象概括，即是指各种具体的劳动成果的有用性或使用价值的一般化。

效用决定价格论的核心思想是：效用的多少决定价格的高低。效用是对劳动成果作用一般化的抽象，是劳动成果客观实现的自然使用价值与社会使用价值统一的一般化表现。

因此，如果一件农产品的效用越大，则其价格也相应越高；反之，该农产品的效用越小，则其价格也就越低。反过来，在实际中，农产品价格的高低也可以反映其效用的大小，即价格越高的农产品，表示其效用越大，价格越低的农产品，表示其效用越小。因此，价格的实现与效用的实现具有一致性，在市场上表现为价格是对实现效用的量化。

### （二）价值决定价格理论

价值决定价格，但价格的高低可以反过来反映价值的大小。农产品作为农业生产活动的主要成果，其价格也是由农产品的价值决定的。从政治经济学的角度分析，农产品的价值是由三部分组成的，分别是在农业生产过程中消耗的农业生产资料的价值，记为 $C$；农业劳动者为维持和再生产劳动力所创造的价值，也就是劳动报酬，记为 $V$；劳动者为扩大再生产和为社会所创造的价值，也就是盈利，记为 $M$。这样，可得到农产品价值=$C+V+M$。其中，（$C+V$）反映的是农产品在生产过程中需要花费的生产成本，是农产品价值最基本的组成部分，也是农产品最低价格，即农产品成本价格形成的依据。马克思曾经指出，如果某商品的出售价格低于它的成本价格，则在生产该商品过程中耗费的各项成本便不能全部得到补偿，因而会影响该种商品的再生产。因此，对于农产品价格来说，在补偿完全部的生产成本之后，还要有一定的盈利空间，这样农业资本的积累和农民生活水平的提高才有保障。农产品价值中的盈利包括两部分：一部分是税金，另一部分是利润。因此，农产品价格只有高于其生产成本与税金之和，才能获取一定的利润。

### （三）供求决定价格理论

供求决定价格理论认为，市场价格取决于市场供给曲线与需求曲线的结合，市场供给曲线和市场需求曲线的交点，就是市场的均衡点。市场均衡点所对应的价格，称为均衡价格。如果受某项因素的影响，使得市场供给曲线或市场需求曲线发生变动，则原有的均衡价格就会被打破，并会形成新的均衡价格。

尽管以上三种理论都可以说明农产品价格的形成，但结合学者们的研究以及参考其他的教材，本书选择用供求决定价格论来分析农产品价格的形成过程。

## 二、农产品价格形成过程与波动

### （一）农产品价格形成过程

供求价格决定论告诉我们：供求关系决定价格，也就是说在农产品市场中，农产品的价格是由农产品供求曲线的相互作用形成的，如图2-9所示。只有在农产品供给曲线 $S$ 与需求曲线 $D$ 的交点 $E$，农产品的供给量才等于农产品的需求量，此时所对应的价格称为农产品的均衡价格。而当农产品供给量大于需求量时,农产品价格将会下跌;当农产品供给量小于需求量时,农产品价格将会上涨。

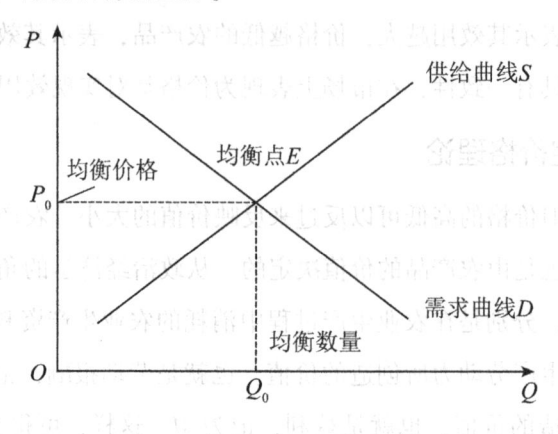

图 2-9 农产品均衡价格的形成

农产品的均衡价格并不是一成不变的。当供给曲线或需求曲线发生变动时,农产品的均衡价格也将随之发生变动,从而形成新的均衡价格。当供给不变而需求增加时,需求曲线就会向右移动,新的需求曲线 $D_2$ 和供给曲线 $S$ 就会形成新的均衡点 $E_1$,从而形成比原有均衡价格 $P_0$ 更高的新的均衡价格 $P_1$;反之,当供给不变而需求减少时,就会形成比原有均衡价格 $P_0$ 更低的新的均衡价格 $P_1$(图 2-10 和图 2-11)。当需求不变而供给增加时,供给曲线就会向右移动,新的供给曲线 $S_2$ 和需求曲线 $D$ 就会形成新的均衡点 $E_1$,从而形成比原有均衡价格 $P_0$ 更低的新的均衡价格 $P_1$;反之,当需求不变而供给减少时,就会形成比原有均衡价格 $P_0$ 更高的新的均衡价格 $P_1$(图 2-12 和图 2-13)。

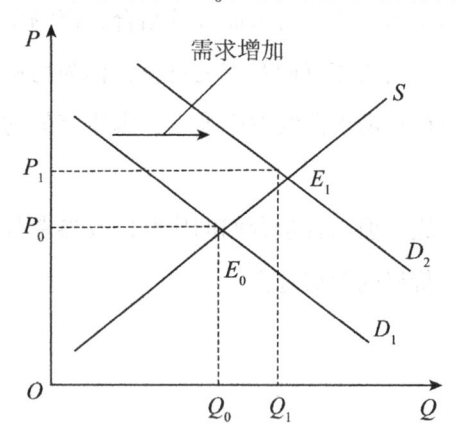

图 2-10 需求增加状态下新的均衡价格形成 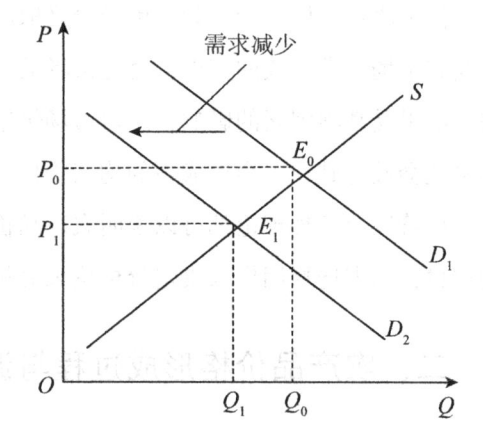　　图 2-11 需求减少状态下新的均衡价格形成

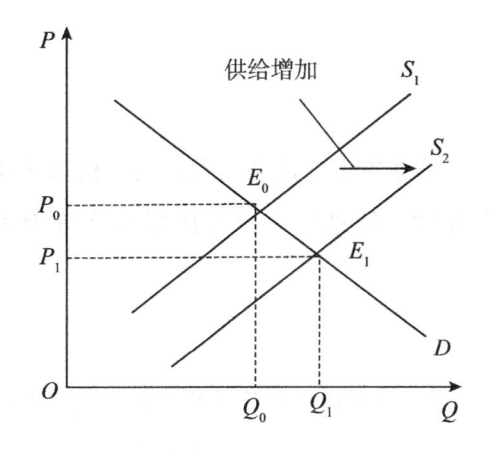

图 2-12 供给增加状态下新的均衡价格形成 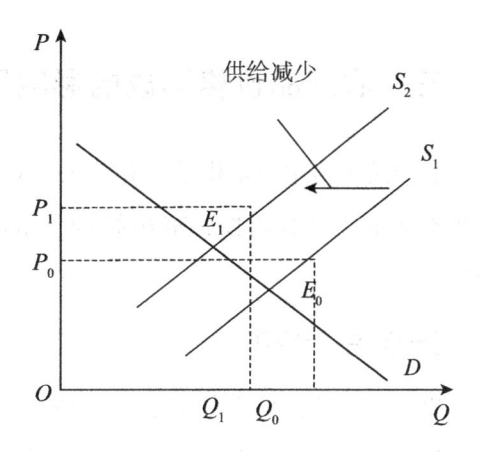　　图 2-13 供给减少状态下新的均衡价格形成

## （二）农产品价格的波动

农业生产具有周期性，农户一般根据当期农产品收购价格做出下一期的农产品生产决策，因此，蛛网模型可以解释农产品收购价自发的周期性波动。蛛网模型理论的假设条件是理性的农户根据上一期的价格来决定下一期的产量和品种，而农产品本期的需求量取决于本期的价格。当供给弹性小于需求弹性时，形成"收敛型蛛网"，当供给弹性等于需求弹性时，形成"封闭型蛛网"（图 2-14），供需之间的差额保持稳定；供给弹性大于需求弹性时，形成"发散型蛛网"（图 2-15），供需之间的差额呈发散扩大趋势。

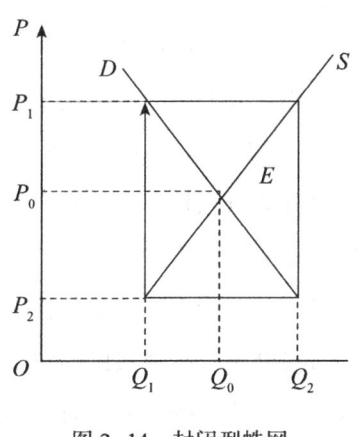

图 2-14 封闭型蛛网 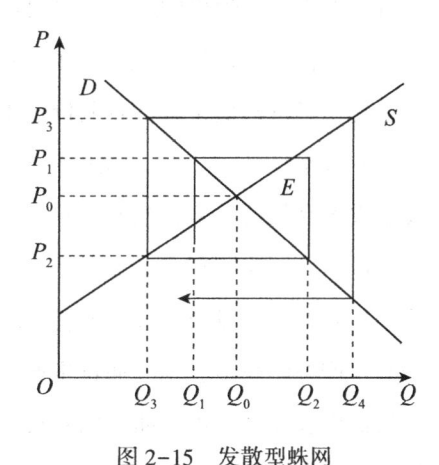　　图 2-15 发散型蛛网

由于多数农产品是生活必需品，需求弹性较小；同时，由于我国农业经营规模较小，农业生产具有趋同性，农产品进入市场具有很强的集中性等原因，使得农产品的供给弹性较大。这两种相反趋势的共同作用，使农产品的供给弹性极易超出消费者的需求弹性，从而形成农产品价格的发散型蛛网波动。

## 三、农产品价格形成的影响因素

农产品价格主要由供给者和需求者双方的供求关系决定。此外，农产品价格形成还受生产成本、政府调控、市场结构、市场整合程度、信息传递以及国际价格等因素影响。

### （一）生产成本

生产成本是农产品价格的重要组成部分，且生产成本是农产品价格的最低界限。农产品的生产成本具体包括土地、劳动力、种子、化肥等传统生产费用。这些传统生产费用的不断上涨，使得农产品价格面临巨大的上涨压力。但随着现代农业的不断发展，农业科技投入在农业生产成本中占的比重越来越大，农业科技投入有助于提高农业劳动生产率，从而降低每一单位农产品的生产成本。因此，农产品价格是上涨还是下降，关键取决于传统生产费用与农业劳动生产率变化带来的生产成本的变化情况。如果传统生产费用的上涨幅度大于农业劳动生产率带来的生产成本的下降幅度，则农产品生产价格将会上涨；反之，农产品价格将会下跌。

### （二）政府调控

政府通过价格调控政策，熨平剧烈的价格波动，引导市场形成真实合理的农产品价格。政府调控农产品价格的经济手段可以分为价格支持、农产品储备以及生产补贴和消费补贴。关于价格支持政策（该政策主要针对农产品收购价格），以粮食最低收购价政策为例，当粮食市场价格低于最低收购价水平时，政府指定的粮食收购部门通过入市收购，增加了粮食初级市场的需求量。在供给量不变的情况下，需求量增加，粮食收购价格将上升。关于农产品储备政策，政府在农产品批发市场通过公开竞价招标，实现农产品国家储备的吞吐调节。国家将储备投放市场，从而增加了农产品的供给量，带动农产品价格下降。国家从农产品批发市场吸收储备，增加农产品需求量，从而带动农产品价格上升。关于农产品生产补贴政策，国家通过生产资料补贴或生产直接补贴，增强农民的农业生产积极性，从而引起农产品供给曲线向右移动，继而引起农产品价格下降。关于农产品消费补贴，国家给予农产品消费者补贴，引起农产品需求曲线向右移动，继而引起农产品价格上升。

### （三）市场结构

市场结构决定了农产品交易双方在农产品价格形成中的价格话语权。市场结构可以分为完全竞争市场、垄断竞争市场、寡头垄断市场和完全垄断市场。不同的市场结构下，交易双方的地位和接受的价格水平是不同的。在完全竞争市场上，农产品价格由供给和需求的均衡决定，交易双方都是价格的接受者；在完全垄断市场上，具有垄断势力的一方凭借自己的垄断地位抬高或压低农产品的价格，从而形成对另外一方来说不合理的价格。

### (四) 市场整合程度

农产品市场整合程度是农产品地区差价和不同流通阶段差价形成的基础。市场整合也称"市场一体化"，通常分为不同空间市场、不同营销阶段、不同时间和相关商品的整合。空间市场整合，是指某一市场价格变化对另一市场价格变化影响的程度。营销阶段的整合是指同一商品从生产到批发、零售，再到消费上一环节价格变化对下一环节价格变化的影响程度。相关商品的整合主要是指初级品和加工产品之间的价格影响关系。如果农产品在不同的地区和流通阶段能够自由流通，农产品信息在不同地区和不同流通阶段能够准确、及时地传递，则称市场是完全整合的。在这种情况下，农产品在输入区的单价等于该产品在输出区的价格加上单位运输成本。输出区的价格变化会引起输入区价格的同样方向和同等程度的变化。不同流通阶段的价格满足"下一阶段价格＝上一阶段价格+营销成本"，这可以很好地解释农产品价格的传导作用。市场整合程度高可以大大减缓价格波动。如果农产品不能自由流通，信息不能准确及时传递，则称农产品市场是分割的。在这种情况下，农产品不同地区或不同流通阶段价格差除了运输成本或营销成本外还会形成额外成本，从而导致农产品输出区价格偏低、输入区价格偏高以及农产品某一流通环节价格偏高。造成市场分割的原因有三：一是价格信息不能够准确、及时地传递；二是交通运输条件的掣肘；三是政府的行政性干预引起的地方保护主义。

### (五) 信息传递

信息准确及时传递是形成合理价格的前提。农产品生产者、经营者和消费者获得准确的农产品供给信息和需求信息，是他们做出正确的生产决策、经营决策和消费选择的前提，只有生产者、经营者和消费者正确的决策才能形成在竞争市场上形成合理的供给和需求，只有合理的供给和需求才能形成合理的价格。此外，准确的农产品供给信息和需求信息还必须及时反馈到生产者、经营者和消费者那里，他们才能及时调整决策，市场上的供给和需求也才能及时调整，这样农产品价格才能及时做出调整。

## （六）国际价格

国际市场上的农产品价格水平会成为国内市场上农产品价格水平的参照。以农产品国际贸易能够自由进行为假设条件，当国际农产品价格高于国内农产品价格时，出口农产品对农产品贸易商来说有利可图。农产品出口量增加会相应增加国内农产品需求量。需求量增加，在供给不变的情况下农产品国内价格会上升直至达到与国际价格相等的水平；当国际农产品价格低于国内农产品价格水平时，进口农产品对农产品贸易商来说有利可图。进口量增加相应增加农产品供给量，供给量增加，在需求量不变的情况下，国内农产品价格会下降，直至达到与国际价格相等的水平。

## 四、我国农产品价格形成机制分析

目前，我国已经建立起了包括初级市场（又称收购市场）、批发市场、零售市场和期货市场在内的农产品市场体系，产生了包括收购价格、批发价格、零售价格和期货价格在内的不同类型的农产品价格，初步形成了以市场调节为主和政府调控为辅的农产品价格市场形成机制。

根据前面的分析，农产品价格的形成取决于农产品供给和需求的均衡和变化，而农产品供给和需求之间的关系又取决于生产者、经营者（收购商、批发商、零售商以及期货市场套期保值者和投机者）和消费者三种市场主体的选择行为。政府则从农产品价格的决定主体转变为农产品价格的调控者和监督者。

农产品价格形成还存在一系列影响因素。农产品价格市场形成机制是一个完整的系统。农产品生产者、经营者、消费者相互博弈形成农产品的收购价格、批发价格、零售价格和期货价格。除供求关系这一农产品价格决定因素外，农产品价格形成还受一系列因素的影响，这些因素包括生产成本、政府调控、市场结构、市场整合程度、信息传递以及国际价格等。这些因素最终都将影响农产品的供求关系，进而影响农产品价格的形成。因此，这些因素成为农产品价格市场形成机制不可或缺的一部分。我国农产品价格市场形成机制如图2-16所示。

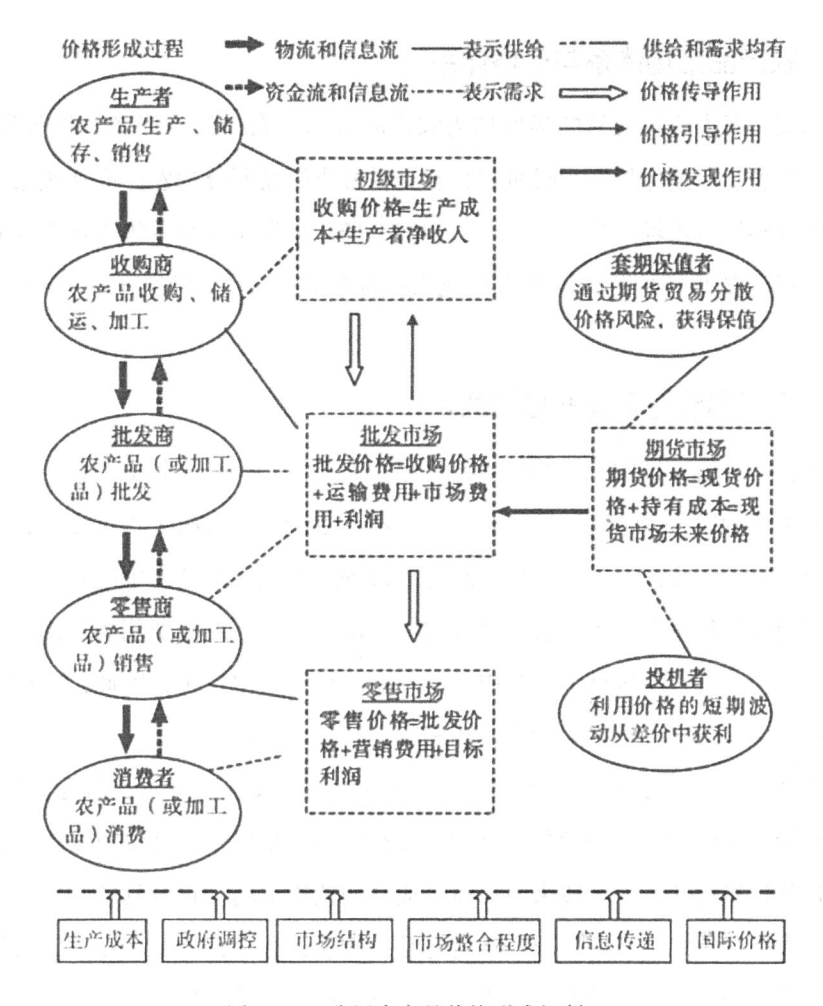

图 2-16 我国农产品价格形成机制

农产品生产者、经营者和消费者相互交易形成农产品各级市场，交易者在市场上交易构成的供求关系形成农产品各类市场价格，同时各农产品价格之间存在传递和引导关系，影响农产品价格形成的因素通过影响农产品的供求关系从而影响农产品价格的形成。

## （一）农产品流通体系

农产品价格由农产品供给者和需求者在农产品市场上进行买卖交易而形成。农产品或农产品加工产品从生产领域到达消费领域一般要经历生产、收购、批发（期货交易）、零售和消费这几个环节。这几个环节的参与者分别为生产者、收购商、批发商、期货市场套期保值者和投机者、零售商和消费者。农产品或农产品加工品物流和供给方面的信息（如数量、质量、参考价格等）逐级向下一个环节的参与者传递，农产品或加工品资金流和需求方面的信息（如数量、品种、质量、参考价格等）逐级向上一个环节的参与者传递。

## （二）农产品市场体系与价格体系

农产品买卖双方进行交易的场所称为农产品市场。农产品生产者、收购商、批发商、零售商、消费者、套期保值者和投机者相互交易形成的场所分为农产品初级市场、批发市场、零售市场和期货市场。其中，农产品初级市场、批发市场和零售市场构成农产品现货市场。交易双方在各市场上经过供求形成农产品收购价格、批发价格、期货价格和零售价格。

## （三）农产品价格之间的相互关系

农产品收购价格、批发价格和零售价格存在逐级传导关系。其中，农产品收购价格由生产成本和生产者净收入构成，原因是在我国农业生产中，农民工资无法计算，农民出售农产品的前提是能够收回成本。农产品从初级市场进入批发市场，中间有一个运输和储存的过程，因而批发价格自然包括农产品收购价、运输费用、市场费用和利润。接下来，农产品再由批发环节进入零售环节，其中又会发生一定的管理费用，因此，农产品零售价格应在批发价格的基础上，再加上管理费用和目标利润而得出。

农产品期货价格，可以用农产品现货价格加上持有成本而得出。由此我们可以得到，农产品现货价格可以用农产品期货价格扣减持有成本而得出。从这个角度来讲，期货价格具有发现现货价格的功能。一般来说，越是成熟的期货市场，它所具备的发现现货价格的功能越是强大。我国农产品期货市场的运行是以政府为主导，且建立在批发市场的基础之上。因此，我国期货市场上的交易者主要来源于农产品批发市场。因而可以得到这样的结果：我国农产品期货价格主要发现的是农产品批发市场未来的价格，这种未来价格再经过批发市场向初级市场和零售市场传递。

## 五、农产品价格的定价方法

### （一）成本加成定价法

按产品单位成本（或费用）加上一定比例的预期利润（利润率）确定产品销售价格的定价方法，叫成本加成定价法。计算公式为：

$$单位产品售价 = 单位产品成本 \times (1 + 加成率)$$

成本加成定价法简单适用，计算方便，但是灵活性差，竞争力弱。

### （二）边际效益定价方法

边际效益定价法是按预期边际效益的定价方法。边际效益是产品单价减去单位产品变动成本的差额。生产成本分为可变成本和固定成本，定价以可变成本为依据，参考市场调查信息，计算边际收益率，在此基础上确定产品价格。边际收益率是增加单位变动成本所带来的收益，即预计边际收益和总变动成本的比率。

这种定价方法适宜于市场竞争激烈、商品供过于求、销售困难的产品定价。可以维持现行生产，保住市场占有率，减少亏损，是一种较为灵活的定价方法。

### （三）比较定价法

比较定价法是把产品价格比较之后确定价格的一种方法。在可变成本相对稳定的基础上，盈利与销量、售价成正比关系，即售价越高，盈利越多。但定价过高，销售量减少，使总利润额下降。定价过低，虽销量大，利润不会太高。因此，经比较高、低价后，确定一个稍偏低价格，既能增加销售量，又能获得一定利润。薄利多销是比较定价的基本出发点。

产品盈利水平主要与销量、售价、成本有关。

即：盈利额＝销售量×（售价－单位产品可变成本）－固定成本。

### （四）加成定价法

加成定价法是以成本为基础，按加成百分率计算售价的定价方法。

计算公式为：单位产品价格＝单位产品总成本÷（1－加成率）

加成率指预期利润占产品总成本的比率。

这种定价方法适用于农产品零售业的商品定价。

### （五）目标定价法

根据预计的销售收入（销售额）和预计的产量（销售量）进行定价的定价方法。

此定价方法的产品产量、成本都是估计数，能否实现目标利润，要看实际情况。如果产量较为稳定，成本核算制度健全，适用此定价方法。

### （六）理解价值定价法

理解价值定价法是按照买方对商品价值的理解水平，不是按卖方的成本费用水平制定价格的方法。运用该方法定价，首先应正确估计商品在顾客心目中的价值水平，然后根据顾客对商品所理解的价值水平，订出商品价格。其定价方法的依据是：当某一商品在市场上的价格水平和该商品的性能、质量、服务与消费者对该商品价值的理解和认识水平大体一致时，消费者容易接受该价格，愿意购买该商品；反之，消费者的理解水平与价格水平差距较大，则不容易接受该价格。

## （七）区分需求定价法

区分需求定价法，又叫差别定价法，指同种产品在特定条件下可制定不同价格的定价法，主要有四种形式：

(1) 以消费者为基础的区别定价。

(2) 以商品外观、式样、花色为基础的差别定价。

(3) 以不同地区为基础的差别定价。

(4) 以季节为基础的差别定价。

## （八）竞争定价法

竞争定价法指依据竞争者的价格确定商品售价的定价方法。这一定价方法有利于进行市场竞争，但易引起恶性价格下降。优势产品价格可高于竞争者；劣势产品价格应低于对方；处于同等水平，则与竞争者同价。

# 第三节　农产品现货市场

## 一、农产品流通认知

### （一）流通概述

流通是指产品从生产领域向消费领域的转移过程，包括社会性转移和经济性转移。社会性转移是指产品所有权的转移和产品的空间移动，经济性转移是指通过产品转移可以增加产品本身的附加价值和提高产品的效用。

1. 流通主体和流通客体

(1) 流通主体

流通主体指的是流通领域的从业者，主要包括生产者及生产者组织、经纪人、批发商、零售商、物流企业、市场信息企业，还包括消费者及消费者组织等。流通主体通过相互交易，形成了商流、物流和信息流，将生产和消费连接在一起，完成整个流通过程[①]。

生产者和生产者组织处于流通的始端，既是生产主体，也是流通主体。自产自销的生产者不仅生产产品，而且还销售产品，获得产品的商业价值，实现自身的劳动价值。与规模小的个体生产者相比，合作社、协会等生产者组织更能发挥流通主体的作用。

---

① 李秉龙，薛兴利. 农业经济学 [M]. 3 版. 北京：中国农业大学出版社，2015：46.

经纪人是指为市场上买卖双方提供中介服务从中收取佣金的中间商人。经纪人可分交易商经纪人和代理经纪人两大类,前者只为专业的做市商服务,后者则为机构或个人投资者服务。

批发商是从事商品批量交易的个人和企业,从生产者或上一级批发商那里购入商品,然后销售给零售商、团体消费者、加工企业或下一级批发商。如商品批发市场里的商户、各类专业批发公司等。

零售商是从生产者或批发商那里购入商品,面向家庭和个人消费者销售的个人和企业。如农贸市场的商户、社区食品店、超市、百货商店等。

物流企业是从事商品配送、贮藏、包装等业务的企业。尽管生产者、批发商和零售商有时也附带开展配送、贮藏和包装等业务,但是他们不属于物流企业。物流企业是指具有专用的物流设施设备,专门从事配送、仓储和包装等物流业务的企业。

市场信息企业是专门从事商品广告、促销宣传、市场调研、研究消费者需求并对外提供信息服务的企业。这类市场信息企业有广告设计公司、咨询公司、专业媒体类企业等。

消费者及消费者组织位于流通的下游末端,是最终交易的当事者,商品的使用价值在消费者身上得以实现。可以说消费者既是消费主体,也是流通主体。消费者直接面对零售商,消费需求信息通过零售商向上游传递,形成市场信息的核心内容。消费者的购买意愿及购买行为等信息直接影响上游流通主体的决策。

(2) 流通客体

流通客体就是市场上的商品,其类别多种多样。例如,可以依据商品自身的性质分为木制品、皮革制品、塑料制品等商品类别,也可以根据价值的高低分为高档品、中档品和大众商品;还可以根据消费特点分为日常消费品、耐用消费品、专用消费品等。

从现代流通的角度,流通客体可以分为有形商品和无形商品两大类。无形商品指服务类产品,如理发、音乐演奏、数据分析、咨询报告等。现货市场研究的流通客体主要指有形商品的流通特点及其交易方式。有形商品按照商品性质和用途可以分为消费用品和生产投入品。消费用品是满足消费者需求的商品,而生产投入品则是指企业生产经营所必需的生产资料,如厂房、设备、原料、中间产品等。

消费用品与居民生活息息相关,包括耐用消费品和日常消费品。房屋、家具、汽车、家用电器、钢琴等商品使用年限较长,消费者一次购买后可长久使用,属于耐用消费品;日常消费品又称为快速消费品,需要经常性购买,包括菜、米、肉、蛋、奶、油、盐、酱、醋、茶等食品类消费品,还包括花卉、文具、服装、玩具、纸制品、厨房用品等非食品类消费品。

## 2. 流通渠道的基本类型

流通主体之间进行交易形成了相互对接关系，称为流通渠道或销售渠道。这种流通渠道最早只是生产者与消费者之间进行交易的一种简单路径，现在已经发展为有几个批发环节的复杂的多种渠道类型，但最基本的流通渠道类型有以下四种：

（1）生产者—消费者。生产者和消费者直接交易的渠道最短、最简单。生产者在集贸市场上销售自己的产品，或通过直销点将产品直接卖给消费者的一种传统销售模式。现代流通中的网络销售以及电子商务等也属于生产者和消费者直接交易的新型渠道模式。

（2）生产者—零售商—消费者。生产者直接与零售商进行交易，零售商将从生产者那里购入的商品进行适当的分选和包装后再卖给消费者，生产者和消费者之间只有零售商介入。这种渠道在鲜活农产品流通中最典型的是"农超对接""农餐对接"等模式。在"农超对接"中，生产者组织（农民合作社）与零售商（超市）进行交易，零售商不经过批发商直接采购生产者的产品。除此之外，部分工业产品以及食品企业生产的加工食品，通常也会绕过批发商直接向零售商供货，实现生产企业与零售商的对接交易，达到减少流通环节、降低交易费用的目的。

（3）生产者—批发商—零售商—消费者。生产者将商品卖给批发商，批发商再将商品卖给零售商，零售商将商品进行适当的分选和包装后再卖给消费者。这种流通渠道的特点是有批发商的介入，是鲜活农产品的重要流通模式。在这个渠道中，生产者和批发商之间还会有经纪人介入，批发商也会有产地批发商、集散地批发商、销地批发商（一级批发商、二级批发商）等介入，具有渠道长、环节多的特征。

（4）生产者—批发商—非家庭消费者。生产者将商品卖给批发商，批发商再将商品卖给非家庭消费者。这里的非家庭消费者是指食品加工企业、饭店、机关团体、学校食堂等集团消费者，是为了满足加工、烹饪制作等业务上的需要而购买的，不是最终消费。这些非家庭消费者具有集团性大批量购买的特点，可以直接向批发商订货，如饭店及学校食堂的原料采购都是直接与批发商进行交易的，一般不需要零售商介入。

## 3. 流通的功能体现

流通的功能是流通主体为了将商品从生产者向消费者转移而从事的各种活动和起到的作用。通常按照商流、物流和信息流的类别将流通功能也划分为商流功能、物流功能和信息流功能。

（1）商流功能

商流功能又称为交易功能，是与商品所有权转移相关的活动。商流功能进一步又分为价格形成功能、结算功能、金融功能和风险承担功能。从理论上讲，价格是由供求决定的,市场上的商品价格是买卖双方进行交易时通过交涉形成的,不是单方面决定的。

结算功能也叫支付功能,是指买方购买商品后向卖方支付货款的行为,其支付方式有多种。零售商与消费者的交易通常是以现金结算为主,当然消费者也可以使用银行卡或购物卡购物,大额消费也有使用支票结算的。另外,生产者和批发商之间、批发商和零售商之间常常是采用先拿货后付款的赊销方式,按约定的日期通过银行汇款进行结算。

金融功能也叫借贷功能,这里是指为了维持交易活动顺畅而发生的借贷行为。如银行为流通主体投放贷款,是为了满足流通主体开展和维持正常交易活动的需要。具有这种金融功能的不仅仅是银行等金融机构,如消费者使用信用卡购物时,信用卡公司要先替消费者付款,零售商为此要向信用卡公司支付一定的刷卡费;批发商为了保证货源供应,提前采用预付款的方式向生产者订货等,这一类与买卖交易有关的货币借贷,都发挥了金融功能的作用。

风险承担功能也叫保险功能,是指流通主体要承担流通过程中发生的损失。当然,通过加入保险的方式可以由保险公司来承担损失,但能投保的只是一些大额商品,而小额商品发生的损失一般是由流通主体自己来承担。例如,运输途中货物破损、仓储过程中的生鲜食品质量下降或腐烂变质等,谁的货物就由谁承担损失。有时,流通主体还要承担购入商品后市场行情下跌造成的损失。

(2) 物流功能

物流功能是流通的基本功能,主要包括运送、仓储、集货和散货功能。运送是在流通主体间转移商品的活动,包括转移过程中的包装、搬运和装卸等。运送方式有公路运输、铁路运输、水路运输、航空运输、管道运输等,随着高速公路网络的发展,公路运送货物量不断增长,使用大型货运车辆远距离运送发展迅速。

仓储功能是调节供求,贮藏保管商品,以保证在消费者需要时及时供应,满足市场需求,是克服生产和消费在时间上不一致的主要手段。按照仓储时间的长短分为短期储存和长期贮藏,短期储存货物属于临时保管和货物周转;长期贮藏由于时间长,贮藏成本较高,流通企业需要承担一定的风险。

集货与散货功能主要是批发商和零售商承担的进货、品种搭配、分拣包装、按需销售等活动,以满足消费者对商品数量和价值的需求。集货和散货功能能够解决大量生产和零散消费的矛盾、产品等级多样和消费者嗜好特定的矛盾。面对零售商在商品数量和质量上的进货要求,批发商需要从多个生产者进货才能满足其需求;零售商也会从多个批发商那里获得不同的品种来满足消费者的多样化需求。

(3) 信息流功能

信息流功能是指为了消除流通主体间信息不对称而进行的信息交流和信息传递活动。

包括信息传递功能和信息收集功能。

信息传递功能是卖方为了刺激买方产生购买欲望，通过广告公司等市场信息企业的帮助，向买方传递商品相关信息的各类促销活动。卖方比较容易采用的促销手段有报纸杂志和电视类媒体广告、户外广告、店面广告、邮件和短信广告、网页广告等，企业促销员与顾客当面交流也是一种常用的促销方式。另外，由于消费者评价和公共报道的信息传递效果十分明显，尽管卖方难以直接干预，但应予以足够的重视。

信息收集功能也叫市场调查功能，卖方为了在合适的场所、以合适的价格为买方提供合适的商品，以达到满足买方需求的目的，卖方自己或者委托市场信息企业开展收集和研究市场需求信息的活动。其中，最常用是问卷调查法，还有人员访谈法、现场观察法、店铺销售终端——POS（Pomt of Sale）数据分析法等。

## （二）农产品流通的主要特点

农产品与其他产品在生产和流通上有着不同的特点。农产品中的蔬菜、水果、肉、蛋、奶和水产品属于生鲜农产品，其商品特性与其他农产品又有明显的不同。另外，加工原料用农产品和家庭消费用农产品的流通路径不相同，前者流通路径短，后者流通路径长，且复杂。因此，农产品市场建设必须考虑农产品的商品特点和对流通的特殊要求。农产品流通的主要特点表现在以下五个方面：

第一，农业生产受自然环境制约，生产的季节性、区域性明显，而农产品消费是常年的、普遍的，在流通过程中需要有储备、运输和分销环节，以保证均衡上市和满足城乡消费者对农产品的普遍需求。

第二，农产品具有易腐、易损、不耐贮藏的特点，特别是生鲜农产品在运输和贮藏过程中容易出现质量下降，造成损失。在流通过程中采取技术措施保持产品鲜度十分重要。

第三，农产品体积偏大、重量偏重，运输成本在价格中占的比例较大，不太适合长距离运输。

第四，消费者零散购买，一次购买数量少、购买频率高，消费者往往凭直觉感受（如大小、颜色、新鲜度等）对农产品进行品质评价，但对农产品的营养性和卫生安全性难以把握。

第五，农产品的供给价格弹性、需求价格弹性以及需求的收入弹性相对小。

根据以上特点，农产品流通在产地需要有一个集货环节，在消费地需要有一个分货过程，要种类搭配、花样齐全，满足最终消费者的购物需求。因此，农产品的流通需要一个复杂的较长的流通路径。批发市场符合农产品流通的特点和要求，能够快速对应产地集货和销地分货的流通要求，是农产品尤其是生鲜农产品流通的主要环节。

## 二、农产品零售市场

农产品零售市场位于流通的最终环节，是零售商直接向消费者销售农产品的场所。零售市场的职能是将社会所生产的农产品以零售的方式分配给广大消费者，最终实现商品的使用价值。零售环节一般位于批发环节之后，农产品经过批发市场后进入零售市场，在零售市场进行分拣、分装或简单加工后，变成适合家庭消费的商品形态，销售给前来购物的消费者。

中国农产品零售市场主要有两类，即农贸市场和超市。农贸市场目前仍然是中小城市和乡镇区域的主要零售市场，超市在大中城市发展较快，正在逐渐取代农贸市场成为农产品零售市场的主要形式。

### （一）农产品集贸市场

农产品集贸市场简称农贸市场，是进行农副产品及日用消费品交易的场所。

农贸市场为个体工商户和消费者提供了交易的平台。在农贸市场上，农产品的销售者以个体工商户为主。个体工商户主要是个体经营者和郊区农民。他们经营的农产品主要有两个货源：一是批发市场；二是自产自销。一般而言，小城镇和乡村农贸市场上农民自产自销农产品的比例大，大中城市农贸市场的农产品大多从批发市场进货。

农贸市场有以下功能：

（1）方便居民购买农副产品和日用工业品。农贸市场分布于城乡各个社区，近似完全竞争的市场结构保证了消费者可以买到物美价廉的农产品，保证了城乡居民日常生活必需品的供给。

（2）为农民提供近距离的小批量农产品销售场所。农贸市场特别是农村集镇的农贸市场，为农民提供了销售农产品的场所，有利于农民发展商品生产，增加收入。

（3）促进小城镇建设。农村集贸市场的所在地往往是农村的区域中心，在集贸市场的基础上比较容易发展成为商品集散中心甚至小城镇。

农贸市场由于方便消费者购买，且产品价格往往相对低廉，因此深受广大消费者欢迎，目前仍是城乡农产品零售市场的主要形式，但农贸市场的购物环境相对较差，产品质量也不一定能得到保证，已不能满足部分城市居民的需要。

### （二）农产品超级市场

超级市场简称超市，是指以消费者自选方式经营食品、日用品为主的大型综合性零售商场。超级市场有两个重要特征：一是顾客自助服务，可以随意挑选商品（所以又称自选商场）；二是通常实行连锁经营。

### 1. 超市经营模式

从组织形式看，超市的经营模式可分为直营连锁、特许连锁和自愿连锁。

（1）直营连锁。直营连锁的特征是所有权与经营权相统一，即所有成员店都属于同一所有者。这种经营方式的优点是能获取批量采购和多店铺销售的规模效益。其缺点主要是：前期的投资较大；在经营上不利于成员店个体独立性的发挥，缺乏灵活性。

（2）特许连锁。特许连锁的特征是主导企业与加盟者（连锁分店）都是独立法人，主导企业与加盟者之间签订加盟合同。在实践中，一般将主导企业视为总部，而将加盟者视为特许分店或加盟店。总部向加盟店提供独特的商业特权，如商号、标志、专有技术等，并向加盟店提供员工培训、商品供应、经营管理等方面的服务；加盟店享有总部赋予的权利，同时也要付出相应的回报（加盟费）并遵守总部的规定，特别是产品质量、服务和价格标准。特许连锁的优势是主导企业投资少、扩张快，而加盟店则可以分享主导企业的品牌资源，降低经营风险。

（3）自愿连锁。自愿连锁也称自由连锁，是指一批具有独立所有权的商店，自愿归属于一个管理服务中心。连锁店与中心没有隶属关系，只在经营活动上存在着协调和服务关系。中心统一制定销售策略，统一广告宣传，统一订货送货。各店铺独立核算、自负盈亏、人事自主，但要向中心缴纳服务费。这种方式的优点是：可以获取批量采购的规模效益，降低各连锁店的经营成本；各个商店的自主权大，主动性强。缺点是连锁店的统一性差。

从盈利来源看，超市的经营模式可分为自营、联营和代销。

（1）自营。又称约期买断。由超市直接采购商品，与商品所有权相关的收益和风险均由超市承担。超市的利润来源主要是商品的购销差价。

（2）联营。供应商在超市卖场指定区域设立品牌专柜，由供应商提供商品和销售人员，双方共同管理。未售商品的所有权属供应商，超市不承担商品的跌价损失及其他风险。超市的利润来源是销售额扣点。

（3）代销。代销分为两种：一种是供应商和超市签订合同，供应商根据代销商品的数量向超市支付手续费；另一种类似买断，供应商和超市签订合同，超市收取代销费，商品售价由超市决定，实际售价与代销价的差额归超市所有。但在代销模式下，超市将在商品售出后再支付货款给供应商。

### 2. 农产品连锁经营

连锁经营是农产品零售业态的发展趋势。我国农产品连锁经营发展较快，但也仅仅处于起步阶段。加快农产品连锁经营的发展，需要采取以下措施：

第一，建立农产品配送中心。实行农产品连锁经营，必须建立相应的农产品配送中心。配送中心通过高度集中的采购与配送活动，使流通规模扩大，实现规模经济，降低流通费用，减少门店库存，加速鲜活农产品流转，从而增强农产品连锁经营的竞争优势。配送中心按照所有权不同，可分为自有型配送中心、第三方配送中心和共有型配送中心。自有型配送中心由连锁经营企业自己投资兴建，主要为企业内店铺提供农产品配送服务。第三方配送中心是专门从事农产品配送服务的企业，为连锁经营企业提供农产品配送服务。共有型配送中心是由连锁经营企业与其他企业共同投资、共享服务的配送中心。

第二，发展农民专业合作社。由于农业的特殊性，农业中普遍实行家庭经营，但分散的家庭经营难以与规模化的连锁经营相对接，因此，必须在农户与连锁经营之间构建中介组织。农民专业合作社是一种较为理想的组织形式。农民专业合作社可以扩大农产品的生产规模，统一农产品的生产规程，保证农产品质量，从而满足超市销售的要求。

第三，创建农产品品牌。在农贸市场销售的农产品，绝大多数没有品牌。而农产品要进入连锁经营的超市，必须创建农产品品牌。有品牌的农产品相对于无品牌的农产品来说，在市场竞争中会处于相对优势地位。因为，品牌与产品质量相联系，是识别农产品质量的重要手段，可以节约消费者寻找优质产品的成本；品牌还可以满足消费者的特殊偏好，品牌偏好可以使消费者形成品牌忠诚。消费者之所以愿意到连锁超市购买农产品，就是因为看中超市销售的农产品有质量保证，所以，超市中的农产品竞争不仅是价格的竞争，更重要的是质量和品牌的竞争。

# 三、农产品批发市场

## （一）农产品批发市场的主要模式

我国幅员辽阔，农村和城市距离较远。农产品在从生产者到消费者的整个流通过程中，往往要经过产地批发市场、销地批发市场和中转地市场等诸多环节。

### 1. 产地批发市场

产地批发市场位于农产品集中生产的地域，是农产品生产者（农民和合作社等）销售产品的窗口，对农业生产具有直接的带动作用。在产地批发市场上，卖主主要是产地集货商、合作社和家庭农场等农产品经营者和生产者，买主是向外地发货的经销商。产地集货商从分散的农户手中收购农产品，然后集中销售到农产品批发市场，对农户销售农产品的作用很大。经销商又称运销商，他们将产地批发市场上的农产品运到消费地批发市场销售，从价差中获取利润。我国的农产品经销商大多是个体经营者，规模较大的叫经销大户。一些农业公司也参与农产品运销，它们大多是融农产品生产、加工、销售为一体的企业。在产地批发市场上，买卖双方一般通过对手协商或标价收购的方式达成交易。

### 2. 销地批发市场

销地批发市场一般位于大中城市郊区，主要为城市中的农贸市场、超市、集团消费者等提供货源。销地批发市场设施比较完善，综合功能较强，经营品种多样，能满足城市居民对农产品的多样化需求。销地批发市场中的经营主体较为复杂。卖主有来自产地和中转地的经销商、近郊产地的家庭农场和合作社等，买主有超市供货商、城区农贸市场零售商、餐饮店、单位食堂等。

### 3. 中转地市场

有些批发市场位于远距离运销的中间地带，在地理位置上具有中转地的特点，因而被称为中转地市场或集散地市场。在中转地市场上，买主和卖主都是农产品的经销商，卖主出售的产品是从产地批发市场批发来的，买主购买后又运往销地批发市场销售。

## （二）农产品批发市场的功能表现

（1）商品集散功能。农产品的生产往往是分散的，在我国，大多数农产品是一家一户生产出来的。农产品的消费往往也是分散的，主要以家庭为单位。如果分散的生产者直接与分散的消费者交易，不但交易次数多、交易批量小、交易效率低、交易成本高，更重要的是农产品的销售距离受到限制。农产品批发市场一方面汇集四面八方生产的农产品，另一方面把农产品发散到全国各地甚至世界各地，从而把分布于各地的生产者与消费者联系起来，不但能大幅度降低农产品的交易成本，而且能远距离扩展农产品的销售市场。

（2）价格形成功能。由于农产品批发市场具有在较大范围内集散农产品的功能，因而能在较大范围内反映农产品的供求关系。因此，批发市场上形成的农产品价格能比较真实地反映农产品的供求情况。同时，来自各地的农产品同场竞争，同一种农产品就可以通过比较实现按质论价，从而形成一种能够比较真实地反映农产品价值的市场均衡价格。因此，批发价格能够比较公正地反映市场供求关系和商品的内在质量。

（3）供求调节功能。这是由农产品批发市场的价格形成功能决定的。供求决定价格，价格调节供求，这是价格机制的基本作用形式。农产品批发市场的交易批量大、集散距离远，因此，它能在更大的范围内对农产品供求起调节作用。

（4）信息中心功能。农产品批发市场连接着产需两头，信息来源广泛，加之批发市场拥有多样化和现代化的信息处理和传递手段，因而是农产品生产、流通、消费信息的收集、整理、发布场所。市场每天形成的交易价格就像晴雨表一样，反映着供求关系的变化，对农产品的生产和消费起到引导作用。

## （三）农产品批发市场的发展路径

我国农产品批发已达到相当大的规模，但还存在一些问题，需要进一步发展和提升。

### 1. 努力提升农产品批发市场的现代化水平

我国的农产品批发市场近年来在硬件设施、配套服务、管理水平等方面有了较大进步。但总体来看，农产品批发市场的硬件建设和管理水平存在较大差异，既有与国际接轨的现代交易市场，也有相当部分为设施简陋的传统市场，甚至还有的市场进行露天交易，市场的服务功能也以提供交易场地为主。大部分批发市场没有初加工、包装、冷藏等增值业务；在配送方面，只有部分批发市场建立了配送中心，但都仅限于提供车辆，且多由第三方承包经营。今后应进一步改善市场的硬件设施，改进交易服务手段，增加交易服务功能，提升市场的现代化水平。特别是要推进电子结算、信息处理、检验检测等设施建设，发展鲜活农产品配送物流中心，建立一体化冷链物流体系。

### 2. 有效增强农产品批发市场的公益性功能

农产品批发市场具有公益性，但我国的农产品批发市场都以企业化方式运作，大部分市场由民营投资或村集体所有，有追求利润的内在动力，即便是国资控股的批发市场也都将盈利作为考核标准。为保证农产品批发市场的公益职能与其"利润最大化"目标的平衡，需要政府承担起对公益性职能的支持责任。近年来，国家和一些地方政府出台了相关政策，加大了财政扶持力度，推动农产品批发市场升级改造，起到了一定的作用。今后除继续加大财政支持力度外，还可考虑改变补贴方式，由过去的"补市场"变为"补品种"，提高按"大路菜"的交易量给予财政补贴的比重。

## 四、农产品新型产销对接与电子商务模式

### （一）农产品新型产销对接模式

新型产销对接模式是产地的农产品生产经营者和销地零售商或餐饮企业直接发生交易，绕开了批发市场等中间环节，也称为产地直供、产地直销模式。

### 1. 产生新型产销对接模式的原因

农产品批发市场作为目前我国农产品流通的主渠道，在帮助生产者销售农产品、保障社会供给和满足城市居民消费需求方面发挥着重要作用。但农产品批发市场渠道长、环节多、交易成本和流通费用高，常常出现生产者"卖难"和消费者"买贵"等问题。新型产销对接模式有助于克服批发市场渠道的不足、减少流通环节、缩短流通渠道、提高流通效率、保证质量安全、稳定市场价格。

### 2. 新型产销对接模式的常见形式

（1）农超对接。农超对接是指农产品产地的生产经营者与超市签订意向性协议书，由农村产地向城市连锁超市直供农产品的新型流通方式。农超对接的本质是通过现代流通方式将千家万户的小生产与千变万化的大市场对接起来，构建市场经济条件下的产销一体化链条，实现农民、商家、消费者的共赢。

（2）农餐对接。农餐对接是指农产品产地的生产经营者与餐饮企业、学校和机关食堂等签订意向性协议书，由农村产地向餐饮企业和团餐单位直供农产品的新型流通方式。农餐对接有助于实现稳定的货源供给，保证品质与质量安全，减少流通环节，降低流通费用和购买价格。

（3）农社对接。农社对接模式是指农产品生产经营者进入城市居民社区销售蔬菜等鲜活农产品的一种产销对接方式。这种方式需要城市政府和社区与农产品的直销者合作，城市政府和社区为农产品直销者提供销售场所，并实行租金优惠或免费，直销者以较低的价格销售新鲜蔬菜、水果等。这种方式有助于减少农产品流通环节和流通费用，方便居民买到较为便宜和新鲜的蔬菜。

## （二）农产品电子商务

农产品电子商务是指将电子商务等现代信息技术手段引入现行的农产品生产经营中，以保证农产品信息收集与处理的有效畅通，为农产品生产经营主体提供网上交易平台，完成产品的销售、购买和电子支付等业务交易的过程。

随着电子商务在我国的快速发展，农产品电子商务作为一种新的商业模式备受关注，作为一种全新的农产品交易模式，它充分利用互联网的易用性、广域性和互通性，实现了快速可靠的网络化商务信息交流和业务交易。

### 1. 农产品电子商务模式的类型

农产品电子商务依赖于电子商务平台，电子商务平台是为农产品提供网上交易洽谈的平台，是建立在互联网上进行商务活动的虚拟网络空间，是协调、整合信息流、物质流、资金流有序、关联、高效流动的重要场所，是农产品电子商务系统的核心。围绕电子商务平台，生产者和供应者是卖方，消费者和需求者是买方，买方和卖方在电子商务平台上进行线上交易，并通过线下物流配送实现商品的转移。

电子商务平台也称作电子商务网站，通常是由专业的电子商务公司建设和运行的，卖方可以申请在上面开网店，销售自己的产品，电商不从事经营只提供服务。物流配送服务通常是委托签约合作的第三方物流企业来完成，也有电子商务公司自己组建物流配送系统来提供服务的。有的大型电子商务公司可以自己建设平台并经营业务，自己采购、销售和配送产品。

根据在电子商务平台从事交易者的身份性质，一般将电子商务模式分为以下四种类型：

（1）企业对消费者（B2C）。企业与消费者之间（Business to Customer，简称B2C）的电子商务。企业直接将产品或服务推上电子商务平台，并提供充足资讯与便利的服务吸引消费者选购，这也是目前一般最常见的电子商务模式。

（2）消费者对消费者（C2C）。消费者对消费者（Consumer to Consumer，简称C2C）的电子商务，指直接为客户间提供电子商务活动平台的网站，即商品和信息从消费者直接到消费者，为买卖双方交易提供的电子商务平台，卖者可以在网站上发布其想出售商品的信息，买者可以从中选择并购买自己需要的物品。

（3）企业对企业（B2B）。企业对企业（Business to Business，简称B2B）的电子商务，是企业与企业之间通过电子商务平台进行产品、服务及信息的交换。供应方企业在电子平台上发布产品信息，让更多的客户了解自己的产品，促进交易。需求方企业在电子平台上查找商品及销售厂家的有关信息，能够实现在线洽谈和购买。这一类网站自己既不是拥有产品的企业，也不是经营商品的商家，它只提供一个平台，在网上将供应商和采购商汇集一起，为企业之间提供交易的机会。

（4）线上与线下（O2O）。线上与线下（Online to Offline，简称O2O）相结合的电子商务，企业在网上寻找客户，让客户在线预约、支付购买线下的商品和服务，然后到线下的实体店去享受服务。开展O2O的企业都具有线下实体店，并且网上商城店与线下实体店全品类价格相同。随着二维码、微信等的普及，该模式在餐饮、农业观光、体验消费以及团购等领域发展较快。

### 2. 我国农产品电子商务的发展前景探微

进入21世纪以来，我国农产品电子商务在不断探索中取得较快的发展，政府出台了多项支持政策，推动农产品电子商务发展。由于购买便利、选择性广、优惠活动多等优势，不少消费者开始选择网购农产品，出现了不少优秀的大型农产品电商，可以看出农产品电子商务有着很好的发展前景。

但是必须看到，农产品电子商务与工业产品有很大的不同，农产品种类众多、标准化水平低、经营利润不高、投资回报周期长，尤其是鲜活农产品对环境有一定的要求，仓储、物流、快递、宅配等成本较高，并且消费者在选购农产品时关注产品质量和安全性，重视商家的服务和信誉。因此，对于企业来说，农产品电子商务发展的机遇和挑战并存，必须根据企业自身的情况做出合理的选择。如大型农业产业化企业可以自建电子商务网站，中小农产品经营企业、农民合作社、家庭农场等可以先考虑利用第三方平台销售自己的产品。政府应完善电子商务政策法规，加快冷链物流体系、食品安全监管体系和诚信体系建设，为农产品电子商务健康发展提供支持和保障。

# 第四节 农产品市场营销

农产品市场营销是农产品生产者与经营者个人和组织在变化的市场环境中，为满足消费者对农产品的需要，实现农产品生产、经营企业目标的商务活动，包括农产品市场调研、目标市场选择、产品开发和定价、渠道选择、产品促销、储存、运输和销售及提供服务等一系列与市场有关的企业业务经营活动。

## 一、农产品营销的特点

### （一）营销产品的生物性、自然性

农产品大多是生物性自然产品，如蔬菜、水果、鲜肉、牛奶、花卉等，具有鲜活性、易腐性（不易储存），并容易失去其鲜活性。农产品一旦失去其鲜活性，其价值就大打折扣，而且某些农产品的体积较大，单位重量的价值低，如木材、冬瓜等。

### （二）农产品供给的季节性强，短期总供给缺乏弹性

农产品的供给在时间上具有季节性而且生产周期长。如在我国，水稻一年一般收获1~2次，在南方日照时间长的地区最多也只能收获3次，棉花采摘时间集中在9月之内，西瓜、葡萄等水果一般集中在7月至9月上市。虽然现代科学技术缩短了农产品的生长周期，改变了农产品的上市时间，出现了一些反季节的蔬菜、水果、但总的来说农产品供给的季节性是其主要特点。

### （三）农产品需求的大量性、连续性、多样性且弹性较小

第一，对农产品的需求是人类吃、穿等基本的生活需求，具有普遍性和大量性，而且人们每天都必须消费以农产品为原料的食品、服装用品，所以，对农产品的需求是连续的。

第二，由于人们的偏好不同，对农产品的需求是多样的，同时，许多农产品效用彼此可以替代。例如，牛肉和羊肉都可以满足人们对于动物蛋白质的需求；用棉花、羊毛织成的面料都可以制成衣服供人御寒等。

第三，由于人们每日需要的蛋白质和热量是基本不变的，因而农产品尤其是食品的需求弹性较小。人们不会因为农产品价格变化，某一时期对农产品的基本需求量发生大的

改变。

## （四）大宗主要农产品品种营销的相对稳定性

农产品生产多是有生命的动物和植物的生产，其品种的改变和更新需要漫长的时间，因而农产品经营在品种上具有相对的稳定性。当然并不排除在现代技术进步条件下某些新产品的迅速产生，但在一定时间里，人们消费的农产品品种相对稳定。

## （五）政府宏观政策调控的特殊性

农业是国民经济的基础，农产品是有关国计民生的重要产品，更由于农业生产的分散性和农户抵御市场风险能力的有限性，所以，政府采取特殊政策来扶持或调节农业生产和经营。

# 二、农产品市场营销环境

农产品营销环境（marketing environment）是所有影响生产经营者营销活动及能力的各种因素和力量的总和。营销环境由微观环境和宏观环境组成。两者不是并列关系，而是主从关系。微观环境受制于宏观环境，微观环境中的所有因素都要受宏观环境中各种力量的影响[1]。

## （一）微观环境

微观环境包含那些与农产品生产经营者（企业和农户）关系密切、直接影响其服务顾客能力的因素，包括企业本身、供应商、中间商、顾客、竞争对手和公众。

要取得市场营销的成功，仅靠企业的营销部门是不可能的。营销成功与否取决于营销部门同企业内部其他部门、供应商、市场营销中介、顾客、竞争者和各种公众建立关系，他们共同组成了企业的价值递送系统。

（1）企业。公司的内部环境包括市场营销管理部门、其他职能部门和最高管理层。在制订营销计划时，营销部门要兼顾其他部门及管理层的意见。公司所有的部门通力合作，才能提供优良的顾客价值和让顾客满意的服务。

（2）供应商。供应商是指那些向农业生产经营者提供生产产品和服务所需资源的企业或个人。供应商在整个顾客价值传递系统中起着重要的纽带作用。在产品供应链中，供应商是相对于某一个环节的产品的上游原料或产品的供应者。对于农产品生产者而言，供应商是生产资料的供应者，供应商提供各种农业生产资料，包括饲料、种子、化肥、农药、

---

[1] 李周，杜志雄，朱钢. 农业经济学 [M]. 北京：中国社会科学出版社，2017：82.

农机具等；对农产品加工企业而言，供应商是初级农产品以及各种食品添加剂等的生产者；而农产品销售企业的供应商可以是生产者、加工者，也可能是上级批发商。供应商的产品质量直接影响着生产经营者的产品质量。比如，供应商提供的农药、兽药超标，农产品或畜产品中的药物残留就会超标。因此，今天大多数营销者把供应商视为创造和传递顾客价值的合作者。

(3) 营销中间商（营销中介）。营销中间商是指帮助农产品生产经营者促销、销售以及分配产品给最终用户的所有中介组织或个人。营销中间商包括经销商、货物储运公司、营销服务机构和金融中介。

经销商指那些帮助企业寻找用户并销售产品的分销渠道机构，包括批发商和零售商。在农产品营销中，选择经销商并与之合作并非易事。某些大型零售企业甚至有足够的力量操控合作条件，把某些农产品拒之门外。

货物储运公司帮助储存和运送产品。服务机构包括调研机构、广告代理商、媒介公司和咨询公司。它们帮助农产品生产经营者选定恰当的目标市场并促销其产品。金融中介包括银行、信贷公司、保险公司等进行融资或降低商品买卖风险的商业机构。

与供应商一样，营销中介也是企业整体价值递送系统中的重要组成部分。农产品生产经营者必须有效地与其合作，以优化整个营销系统的表现。

(4) 顾客。顾客是企业产品购买者的总称。通常农产品的顾客市场可以分为五类：消费者市场、产业市场、中间商市场、政府市场、国际市场。消费者市场由个人和家庭组成，他们购买产品和服务是为了个人消费。产业市场购买产品和服务是为了进一步加工或者在生产过程中使用。中间商市场购买产品和服务是为了再出售以获取利润。政府市场由政府机构组成，它们购买产品和服务是为了提供公共服务，或是将这些产品和服务转移到需要的人手中。国际市场是由其他国家的购买者构成，包括消费者、制造商、经销商和政府。每一种市场都有自己的特征，营销人员应分析各个市场的需求特点及购买行为，制定相应的营销策略。

(5) 竞争对手。农产品市场是最接近完全竞争市场结构的市场。在这个市场上存在着众多的生产经营者，他们之间竞争激烈。无论是农户还是企业，要在竞争中获胜，必须为顾客提供比其他竞争对手更高的价值和满意度。因此，营销人员要做的不仅仅是简单地满足目标顾客的需求，还要加强对竞争者的了解和研究，识别企业的竞争者，并经常将自己的营销战略及策略与竞争者进行比较。发现自己具有潜在竞争优势的领域，并对产品进行定位，使自己的产品或服务在顾客心目中与竞争对手区别开来，以获得战略优势。

(6) 公众。公众指对农产品生产经营者实现其目标的能力具有实际或者潜在的利益关系或影响的任何群体。这些群体包括政府、新闻媒介、金融机构、民间公众、地方公众、一般公众、内部公众。在信息时代，公众对营销的影响力越发强大。企业想要得到良好的商誉，就必须借助公众的力量。媒体对企业的正面宣传报道会促进企业的生产和销售，反之亦然。因此，企业必须给顾客带来福利，得到顾客的认可，保持与公众之间的良好关系。

## （二）宏观环境

宏观环境是指影响整个微观环境的更广泛的社会因素，主要包括人口、经济、自然、技术、政治和文化等因素。宏观环境因素既可带来机会，也可能造成威胁。

### 1. 人口环境

一个国家或地区人口数量的多少是衡量农产品市场潜在容量的重要因素。营销人员应当关注国内外人口的变化趋势和发展特点，根据人口的数量、地理分布、年龄及家庭结构的变化、教育程度等因素，进行营销决策。

### 2. 经济环境

现实的市场由具有购买欲望和购买力的人组成。购买力和购买欲望直接受经济环境的影响。经济环境因素包括收入水平、消费支出模式、利率、储蓄和借贷模式等，以上经济变量的变化直接影响消费者的消费行为，对市场产生重要影响。比如，收入分布的变化，导致穷人、富人及中产阶级的比例发生变化，而不同收入阶层对农产品有着不同的消费需求，进而影响着农产品营销活动。

影响农产品营销的经济环境因素是多层次的，可以是国际经济大环境，也可以是一国或一个地区的经济环境，它们以不同的方式在不同程度上对农产品营销产生影响。

### 3. 自然环境

自然环境指的是营销人员所需投入的自然资源或是受到营销活动影响的自然资源。

农业再生产是自然再生产和经济再生产的统一，农业生产经营活动与自然环境有着密切关系。光、水、土、气等自然因素直接影响着农产品产出的数量和质量，而农业生产中农药、化肥的施用及畜禽养殖产生的粪便又影响着自然环境。市场营销人员应该注意到自然环境的变化给企业带来的环境威胁和发展机会。首先是自然资源越来越匮乏，其次是环境污染的加剧，最后是政府对自然资源越来越严格的管理。在我国，人均土地资源及水资源减少，环境污染严重，人们越来越担心食品安全问题，农产品出口也面临着国际市场的技术壁垒。但环境的污染也为控制污染的农业设备及绿色、有机农产品创造了市场机会。

### 4. 技术环境

现代科学技术是社会生产力中最活跃，并在一定程度上起决定性作用的因素，技术进步给为农产品营销带来了机会和挑战。如现代生物技术中的细胞工程、遗传育种、基因工程等技术的开创和发展,不仅使农产品数量增加,品质也不断改善。优质产品的出现使劣质产品不得不逐步退出市场,而互联网的出现影响着商业模式和消费者的购物习惯,使农产品营销渠道发生了重大变化。

了解新技术,并预测未来技术的发展,对一家企业来说就如同了解竞争者、了解目标市场和利润一样重要。营销人员必须密切关注技术环境的变化。

### 5. 政治环境

政治环境包括法律、政府机构和压力团体。在一个确定的社会中,政治环境影响和制约着各类组织和个人行为。政治环境的变化极大地影响着营销决策,如良好的国际政治关系有利于进出口企业顺利进入国际市场,而政治冲突则会导致贸易的技术壁垒增加,给企业带来不利影响。就国内政治环境而言,政局是否稳定直接影响着经济发展速度,进而影响着居民收入和购买力。有关农产品生产经营的法律、法规和政策,会对农业的生产经营产生直接影响,如粮食补贴政策、农产品运输"绿色通道"政策、"农超对接"政策等。

### 6. 文化环境

文化环境由那些影响社会的基本价值观、观念、偏好和行为的风俗习惯和其他因素组成。处于不同文化环境中人们的价值观、行为和偏好等均不同。农产品营销人员必须了解和分析文化环境,并制定相应的营销策略,组织不同的营销活动。

多数企业认为,市场营销环境是不可控的,企业要接受并适应环境。但也有企业对营销环境采取一种更为积极的态度,即采取积极的措施去影响营销环境中的公众和其他因素。如通过专家言论或媒体报道来宣传绿色农产品对人体健康的益处,从而扩大绿色、有机农产品的销售。同时,企业还可通过影响人大、政协的提案及相关部门的法律、法规等举措来改变企业的营销环境。但需要说明的是,即便是对营销环境持积极态度的企业,也不可能改变所有的环境因素。因此,观察市场变化、分析影响环境的因素、设计营销方案、避开环境风险、利用环境机会是每一个成功企业的必修课。

## (三)农产品营销环境 SWOT 分析

SWOT 分析法又称为态势分析法,是一种对企业环境进行分析的管理工具。其中 S 代表优势(strength),W 代表劣势(weakness),O 代表机会(opportunity),T 代表威胁(threat),S 和 W 是内部因素,O 和 T 是外部因素。通过 SWOT 分析,可以发现企业的竞争优势,帮助企业把资源和行动聚集在自己的强项和有最多机会的地方。

优劣势分析主要是着眼于企业自身的实力及其与竞争对手的比较,而机会和威胁分析将注意力放在外部环境的变化及对企业的可能影响上。在分析时,应把内部因素(优劣势）集中在一起，然后用外部的力量来对这些因素进行评估。

SWOT分析的步骤如下：

### 1. 分析环境因素

分析企业内外部环境因素，罗列企业的优势和劣势、机会和威胁。对于企业而言，竞争优势主要体现在实现既定营销目标时可以利用的能力和资源，而劣势则是能力和资源方面的缺陷。如某地农产品物流企业地处交通要道，该企业与偏远地区的物流企业相比，就具有一定区位优势和运输网络优势。但该企业生鲜农产品物流基础设施和装备水平相对落后、物流人才缺乏，这则是其劣势。

外部环境的机会与威胁，主要表现为经济、政治、法律、技术等宏观因素对企业的影响，行业竞争环境的变化，包括市场新进入者及新产品、替代品的出现等因素同样给企业带来机会和威胁。

需要注意的是，在运用SWOT分析法进行环境分析时，要强调寻找与企业营销战略密切相关的主要因素，而不是把所有关于企业能力、弱点、机会与威胁逐项列出。

### 2. 构造SWOT矩阵

优势、劣势与机会、威胁相组合，形成SO、ST、WO、WT策略。

SO策略：依靠内部优势，利用外部机会。

WO策略：利用外部机会，弥补内部劣势。

ST策略：利用内部优势，规避外部威胁。

WT策略：减少内部劣势，规避外部威胁。

### 3. 选择合适的行动计划

在完成环境因素分析和SWOT矩阵的构造后，便可以制订出相应的行动计划。制订行动计划的基本思路是：发挥优势因素，克服弱点因素，利用机会因素，化解威胁因素。

一般来讲，对于存在市场机会和企业优势的业务，在经过慎重评价后，应努力拓展。而对于威胁主要有三种对策：

（1）反抗：限制或扭转不利因素的发展。

（2）减轻：通过调整市场营销组合等来改善环境适应，以减轻环境威胁的严重性。

（3）转移：决定转移到其他营利更多的行业或市场。

## 三、农产品的目标市场营销

顺利地出售产品是农产品生产经营者维持或扩大再生产的前提。如何把产品卖出去，是一个生产经营者必须面对和解决的问题，特别是在农产品市场供过于求、消费者需求日趋多样化的市场条件下，这一问题更为严峻。市场营销学为我们提供了解决这一问题的基本思路：首先，要了解消费者需求，这可以通过农产品市场调研和预测工作来完成。其次，要进行目标市场营销，即明确"为谁提供服务、如何更好地提供服务"。面对众多的消费者，任何规模的企业均不可能满足所有消费者的需求，因此，要把市场划分为有意义的顾客群体（市场细分），并结合自己的优势选择我们要服务的顾客群体（目标市场），并创造能够满足目标市场的差异化产品（市场定位）。最后，设计市场营销组合策略。

## （一）市场细分

市场细分的概念是美国市场学家温德尔·史密斯（Wendell R. Smith）于20世纪50年代中期提出的一个营销概念。

市场细分（market segmentation）是指营销者通过市场调研，依据消费者的需要和欲望、购买行为和购买习惯等方面的差异，把某一产品的市场整体划分为若干消费者群的市场分类过程。每一个消费者群就是一个细分市场，或者说，每一个细分市场都是由具有类似需求倾向的消费者构成的群体。市场细分有利于发现市场机会、确定目标市场、制定适宜的市场营销策略，从而增强企业竞争力。

农产品市场从不同的角度可有不同的分类，如按照市场参与主体分类，农产品市场可分为消费者市场、产业市场；按地理区域划分，可分为国内市场和国际市场，城市市场和农村市场等。由于各类市场的特点不同，因此，市场细分的变量也有所不同。需要提出的是，市场细分并非只有一种方法，营销人员可单独或者结合考虑各种市场细分因素，然后找出最好的考察市场结构的方法。如消费品市场的细分，可以主要考察地理、人口、心理和行为等因素。

市场细分的方法有很多种，但不是所有的细分都有效。在进行市场细分时要注意以下四点：是否具有开发价值、是否具有足够的购买力、市场规模是否可以营利、企业是否有能力进入所要选定的农产品市场。

## （二）目标市场的评估与选择

农产品目标市场是指农产品生产经营单位决定进入并为其提供服务的农产品市场。市场细分与目标市场既有联系，又有区别。市场细分是选择目标市场的前提，而选择目标市场是市场细分的目的和归宿。对企业而言，有所不为才能有所为。

**1. 细分市场的评估**

评估不同的细分市场时，企业必须注意以下因素：

（1）要有足够的市场规模和增长性。企业必须收集分析有关数据，包括目前细分市场的销售额、增长率和期望利润，并从现实需求和潜在需要两个方面去考察。这个问题对于规模较大的生产经营者来说非常重要。如果目标市场过小，企业进入市场的收益也许不足以弥补投资。

（2）未被竞争者完全控制。企业要考虑影响细分市场长期吸引力的主要结构因素。如果一个细分市场已经有很多强大的竞争对手，就缺乏吸引力了。

（3）企业具备满足目标市场的能力。企业应充分考虑自己的经营目标及资源情况（人才、财力、物力及经营管理水平等），只进入那些自己能够提供超额价值，并比竞争对手有优势的细分市场。

**2. 目标市场的选择策略**

企业对各不同细分市场进行评估后，必须对进入哪些市场和为多少个细分市场服务做出决策，一般有如下四种选择：

（1）无差异营销策略企业忽略细分市场中的差异，向整个市场提供一套产品或服务。这种营销策略专注于消费者共有的需求，而不是他们的需求差异。这种策略的优点是成本低，缺点是没有考虑细分市场消费需求的差异性。单一商品要以同样的方式广泛销售并受到所有购买者的欢迎几乎是不可能的，特别是在农产品相对过剩、消费者的需求日益多样化的买方市场条件下。

（2）差异化营销策略。公司瞄准几个细分市场，并为每个细分市场提供不同的产品或服务。优点是针对不同细分市场的营销活动能够满足不同顾客群的需求，通常会使总销售额增加。如果企业的产品同时在几个子市场都占有优势，会提高消费者对企业的信任感，可以使企业取得连带优势，进而促进销售。缺点是使企业的生产成本和营销费用增加。这种策略适用于大型农业生产经营企业。

（3）集中营销或补缺营销策略。企业集中有限的资源生产一种或少数几种产品满足一个或少数几个细分市场的消费者的需要。

企业资源有限时，特别适合使用这种策略。企业致力于在一个或几个细分市场占有大的市场份额，而不是大市场中的小份额。优点是企业的经营对象集中，使其生产、营销更加专门化，容易降低成本并取得较好的投资回报。缺点是风险较大。由于目标市场比较狭窄，如果遭遇细分市场衰退或者强大竞争对手的出现，企业可能会陷入困境。

（4）微市场营销策略。根据特定个人和特定地区的口味调整产品和营销策略，包括当地营销和个人营销。这种营销方式前所未有地注重不同地区人口特点和生活方式的差异，注重与顾客发展良好的关系，直接满足了公司的一线顾客——零售商的需求，可促进销售。缺点是规模小带来的生产成本和营销成本的上升。

**3. 目标市场策略选择须考虑的因素**

选择目标市场策略时，企业要考虑以下因素：

（1）企业实力。如果企业资源有限，集中营销是最适用的。

（2）产品特点。无差异营销适合于单一产品，如食用油、普通蔬菜等产品。而当产品种类较多时，最适合差异化营销或者集中营销，如茶叶等。产品市场生命周期也要考虑在内。新产品推出时期，无差异营销或集中营销最为适用。但是在成熟期，差异化营销将更有意义。

（3）市场的差异性。如果顾客的需要、偏好、购买方式和习惯大致相同，适合无差异性营销策略；反之，应采用其他三种营销策略。

（4）竞争对手策略。当竞争对手使用差异化营销或者集中营销时，无差异营销无异于自杀；相反，当竞争对手使用无差异营销的时候，企业可以通过差异化营销或集中营销获得优势。

## （三）市场定位

在确定进入哪些细分市场之后，企业还必须决定在这些细分市场中的定位，即在选定的细分市场中占据什么位置。

农产品市场是最近似于完全竞争市场结构的市场，市场中有许多的买者和卖者，出售的同类产品具有较强的同质性。即便是在细分市场中，也会有众多的竞争者。如何将自己的产品与竞争者的同类产品区分开来，就是市场定位所要解决的问题。

### 1. 农产品市场定位的界定

所谓产品定位是指相对于其他竞争者的产品而言，产品在消费者心目中占有的位置。定位需要向消费者灌输品牌独一无二的利益和差异化。企业必须对产品定位进行策划，以使自己的产品在选定的目标市场中区别于竞争对手并能够吸引对这一定位有独特偏好的消费者。

农产品市场定位是指农产品经营者根据竞争者现有产品在细分市场上所处的地位，针对顾客对农产品某些属性的重视程度，塑造出本企业产品与众不同的鲜明特色或形象并传递给目标顾客，从而确定该产品在细分市场中的竞争位置。

随着市场商品的日趋丰富，毫无特质的产品无法吸引消费者的注意。定位的目的是取得目标市场的竞争优势，树立产品在消费者心目中的形象和地位以吸引更多的顾客。市场定位的核心内容是设计和塑造产品特色和个性。特色和形象可能从产品实体方面表现，如品质、包装，也可以从消费者心理方面反映出来，如安全、高档次等。

### 2. 农产品市场定位的方法

农产品市场定位可分三个步骤：识别潜在的竞争优势，确定适当的竞争优势，选择整体定位策略。尽管农产品是公认的同质性较强的产品，但是真正的营销者可以让任何产品

差异化。常用的农产品市场定位方法有以下三种:

第一,根据农产品的质量和价格定位。企业可选择向市场提供什么样质量和价格的产品。高、中、低档产品的定位不同,价格也不同。比如,同是草莓,品种不同、口感不同、产量不同、价格也不同。一般来说,可选用的成功价值方案有五种:高质高价、高质同价、同质低价、低质更低价和高质低价。

第二,根据农产品的用途定位。同一种农产品可能有多种用途,如同是小麦,有的品种适于直接食用,有的适于食品加工。回答为谁生产就是一种定位。

第三,根据农产品的特性定位。农产品的特性包括生产技术、生产过程、原料、产地、历史等。有机农产品、绿色农产品、无公害农产品等就是根据农产品的特性进行定位。

市场定位完成后,企业还须把定位向市场进行沟通和传送。定位需要切实的行动。市场营销组合的设计,本质上是定位策略的战术细节规划。

## 四、农产品市场营销策略

### (一)产品生命周期各阶段的营销策略

由于产品生命周期各阶段的特点不同,经营者在各阶段做出的经营决策的内容也不同。

**1. 导入期营销策略**

这一阶段新产品刚投入市场销售,由于销售量少而且销售费用高,经营者往往无利可图或者获利甚微,经营者营销重点主要集中在"促销—价格"策略方面。

(1)快速掠取策略

快速掠取策略即以"高价格—高促销水平"策略推出新产品,迅速扩大销售量来加速对市场的渗透,以图在竞争者还没有反应过来时,先声夺人,把本钱捞回来。采用这一策略的市场条件是:绝大部分消费者还没有意识到该产品的潜在市场;消费者了解该产品后愿意支付高价;产品十分新颖,具有老产品所不具备的特色;经营者面临着潜在竞争。

(2)缓慢掠取策略

缓慢掠取策略即以"高价格—低促销费用"策略推出新产品,高价可以迅速收回成本、获取最大利润,低促销费用又是减少营销成本的保证。采用这一策略的市场条件是:市场规模有限;消费者大多已知晓这种产品;消费者愿意支付高价;市场竞争威胁不大。

(3)快速渗透策略

快速渗透策略即以"低价格—高促销费用"策略,花费大量的广告费,以低价格争取更多消费者的认可，获取最大的市场份额。

(4) 缓慢渗透策略

缓慢渗透策略即以"低价格—低促销费用"策略降低营销成本，并有效地阻止竞争对手介入。采取这一策略的市场条件是：市场容量大；市场上该产品的知名度较高；市场对该产品价格相对敏感；有相当数量的竞争对手。

**2. 成长期的营销策略**

成长期的主要标志是销售迅速增长。这是因为，已有越来越多的消费者喜欢这种产品，大批量生产能力已形成，分销渠道也已疏通，新的竞争者开始进入，但还未形成有力的对手。这一阶段经营者的营销应尽力发展销售能力，紧紧把握住取得较大成就的机会。

(1) 改进产品质量和增加产品的特色、款式等

在产品成长期，经营者要对产品的质量、性能、式样、包装等方面努力加以改进，以对抗竞争产品。

(2) 开辟新市场

通过市场细分寻找新的目标市场，以扩大销售额。在新市场要着力建立新的分销网络，扩大销售网点，并建立好的经销制度。

(3) 改变广告内容

随着产品市场逐步被打开，该类产品已被市场接受，同类产品的各种品牌都开始走俏。此时，经营者广告的侧重点要突出品牌，力争把上升的市场需求集中到经营者自身的品牌需求上来。

(4) 适当降价

在扩大生产规模、降低生产成本的基础上，选择适当时机降价，适应多数消费者的承受力，并限制竞争者的加入。

**3. 成熟期的营销策略**

成熟期的主要特征是："二大一长"，即在这一阶段产品生产量大、销售量大，阶段持续时间长。同时，此时市场竞争异常激烈。为此，经营者总的营销策略要防止消极防御，应采取积极进攻的策略。

(1) 市场改进策略：通过扩大消费者队伍和提高单个消费者使用率，来提高销售量。

(2) 产品改进策略：通过改进现有产品的特性，以吸引新用户或增加新用户使用量。

(3) 营销组合改进策略：通过改变营销组织中各要素的先后次序和轻重缓急，来延长产品的成熟期。

**4. 衰退期营销策略**

产品进入衰退期，销售量每况愈下；消费者已在期待新产品的出现或已转向；有些竞

争者已退出市场,留下来的经营者可能会减少产品的附带服务;经营者经常调低价格,处理存货,不仅利润下降,而且有损于经营者声誉。因此,在衰退期的营销策略有以下内容:

(1)收缩策略:把经营者的资源集中使用在最有利的细分市场、最有效的销售渠道和最易销售的品种上,力争在最有利的局部市场赢得尽可能多的利润。

(2)榨取策略:大幅度降低销售费用,也降低价格,以尽可能增加眼前利润。这是由于再继续经营市场下降趋势已明确的产品,大多得不偿失。而且不下决心淘汰疲软产品,还会延误寻找替代产品的商机,使产品组合失去平衡,会削弱经营者未来的市场布局。

## (二)产品组合策略

产品组合策略:经营者根据其目标和市场竞争环境,对产品组合的宽度、长度、深度和密度进行抉择,使之形成最佳的产品组合。

### 1. 扩展策略

扩展策略包括扩展产品组合的宽度和长度。前者是在原产品组合中增加一条或几条产品线,扩大经营者的经营范围;后者是在原有产品线内增加新的产品项目,发展系列产品。

一般当经营者预测现有产品线的销售额和毛利率在未来几年要下降时,往往就会考虑这一策略。这一策略可以充分利用经营者的人力等各项资源,深挖潜力,分散风险,增强竞争能力。当然,扩展策略也往往会分散经营者的精力,增加管理困难,有时会使边际成本加大,甚至由于新产品的质量、功能等问题,而影响经营者原有产品的信誉。

### 2. 缩减策略

缩减策略是经营者从产品组合中剔除那些获利小的产品线或产品项目,集中经营那些获利最多的产品线和产品项目。

缩减策略可使经营者集中精力对少数产品进行品质改进、降低成本的工作,删除得不偿失的产品,提高经济效益。当然,经营者失去了部分市场,也会增加经营者的风险。

### 3. 产品延伸策略

每一个经营者的产品都有其特定的市场定位。产品延伸策略是指全部或部分地改变经营者产品的市场定位。具体做法有向下延伸、向上延伸、双向延伸。

(1)向下延伸:指经营者原来经营高档产品,后来增加一些中低档产品。

(2)向上延伸:指经营者原定位于低档市场的产品线向上延伸,在原有产品向上增加高档产品项目,使经营者进入高档产品市场。

(3) 双向延伸：指原先生产中档产品经营者在取得市场优势后，决定同时向产品线的上下两个方向延伸，一方面增加高档产品，另一方面增加低档产品，力争全方面占领市场。

### （三）农产品定价策略

#### 1. 折扣定价策略

折扣定价策略是为了鼓励消费者及时付款、大量购买等采用低于基本价的策略。折扣定价策略主要包括现金折扣、数量折扣、功能折扣、季节折扣等方式。

#### 2. 心理定价策略

心理定价策略是针对消费者的不同消费心理，制定相应的价格，以满足不同类型消费者需求的策略。心理定价策略一般包括尾数定价、整数定价、习惯定价、最小单位定价、招徕定价。

#### 3. 促销定价策略

农产品属于价格敏感性的大众消费品，常运用促销价格以吸引眼球、增加销售的策略。

促销定价策略常在节假日进行，如节假日的"买一送一""大酬宾"等优惠活动，是以招徕顾客为目标的定价策略。比如，超市节假日中，牺牲某种产品的销售利润，甚至低于成本的价格进行促销，让消费者感觉到该产品价格明显低于周边市场，选购有利可图，踊跃前往购买。

#### 4. 声望定价策略

一般消费者都有面子需求，经营者将有品牌的产品，制定比市场中同类产品价格高的价格，它能有效地消除消费者心理障碍，使消费者不但产生信任感和安全感，而且会有面子。

#### 5. 新品定价策略

新品定价策略常根据新品的特征选择不同的价格策略。

当经营的新品是供应不足，或是培育的新、奇、特品种时，采用新产品定价策略，其价格要高出其价值的几倍或十几倍，以获取最大的利润。

当经营者的新品需求弹性较大、价格低、销量大、价格高，销量就会显著下降，采用渗透定价，其价格定得较低，可让产品迅速占领市场的策略。

当经营者的新品具有显著的特征，又不是必需的产品，常采用适中的价格，这种定价策略可能使经营者和顾客都比较满意。这种定价策略适宜于优质、特色的农产品。

## (四)整体营销策略

### 1. 协调联动

当前的农产品发展,靠某个企业、某个产品来带动是远远不够的。必须采用协调联动的方法,增加企业、产品的关联性、延伸性、精深性、增值性,以降低竞争成本,形成以"农产品的龙头企业带动—协会协调—半成品坯料加工—农户基地协同发展"的产业链,避免恶性竞争。这样才能形成以龙头加工企业带动种植户和养殖户种、养、加工,引领农民走上致富之路。

农产品只有通过组成联盟,才能使企业竞争力增强、规模效益显现、发展迅速。目前,我国农产品行业无序竞争,相互杀价现象严重。可通过成立协会来协调规范企业发展,通过行业分层次组成联盟,发挥集约优势、规范效应,增强行业、企业发展竞争力。

### 2. 产业化经营

目前,我国农户应发展农产品产业化经营,将生产、加工、运输、销售等环节连成一体,多层次提高农产品附加值。可以从根本上提高效益,减少市场风险,通过大型龙头企业的带动,发展农产品商品基地,使农民有比较可靠的市场销售保证,尽量避免农产品生产的盲目性。

### 3. 拓宽营销渠道

在新经济和网络经济背景下,市场的需求日益个性化,对农产品营销渠道过程参与程度越来越高。信息技术为异地交易提供了物质基础,便利的交通运输大大提高了农产品物流的速度。

参与农产品加工,通过投资办厂,租赁乡企厂房、车间等方式开展农产品加工或委托加工,为下游企业开展初加工产品,为超市或专卖店开展定牌生产,从而促进更多的农产品加工转化,增加企业效益和农民收入。

### 4. 现代流通方式

现阶段可积极发展农产品连锁经营和物流配送,适时发展冷链配送系统,在城市开设农产品连锁专卖店。扩大对超市、大专院校、餐饮业的农产品配送业务,形成在主产地采购,在城镇超市配送销售的农产品业务经营体系。

# 第三章 农业经济的微观组织管理

农业生产单位可按照不同所有制性质划分四类，分别为家庭农业经营、合作经济组织、产业化经营与产业集群，发展中国家以上四种模式并存。在发达国家，已经将农业社会化服务作为农业微观经济的组成，而发展中国家，则农业社会化组织发展滞后。对于我国来说，农业微观经济组织体制构建，必须确保其适应我国农业发展现状，只有适合的才是最好的。

## 第一节 农业家庭经营管理

### 一、农业家庭经营的含义

农业家庭经营的载体为家庭农场，家庭农场又是众多农业生产单位类型中的一类，其最典型的特征表现为经营者为家庭成员。在此，首先对农业生产单位、农业经营者以及家庭农场的含义进行介绍，然后引出农业家庭经营的概念。

联合国粮农组织对农业生产单位的定义为：一个在单一管理模式下的农业生产经济单位，包括所有家畜和全部或部分用于农业生产的土地，无论土地的权属、法律形式或规模。可由一个人或家庭完成，也可由两个或两个以上个人或家庭，一个家族或部落，一个法人如公司、合作社或政府机构完成。

联合国粮农组织将农业经营者界定为：对资源使用做重大决定并对农业生产单位经营活动进行管理控制的自然人或法人。农业经营者对农场负经济和技术责任，可以直接承担一切责任，或将日常工作管理方面的责任转交给受聘管理者。

关于农业家庭经营，"2014 国际家庭农业年"国际指导委员会给出了如下定义：家庭农业（包括所有以家庭为基础的农业生产活动）是组织农业、林业、渔业、牧业和水产养殖生产活动的一种手段，这些活动由家庭管理经营，主要依靠家庭劳力，包括男女劳力，家庭和农场相互关联、共同发展，综合了经济、环境、社会和文化等功能。

## 二、农业家庭经营的特点

### （一）对象是农业

农业家庭经营的对象主要为农业，既包括种植业，也包括林业、渔业、牧业和水产养殖业等。农业独有的产业特征决定了家庭是最佳的农业经营主体。从农业自身特点来看，农业是自然再生产与经济再生产相交织的过程，农业劳动对象的生命性、生产的季节性、自然环境的复杂多变性和不可控制性等因素，都要求生产者收益与生产过程直接相关。只有家庭能满足决策者和生产者的同一性，在农业生产领域具有其他经营主体无法比拟的优势。家庭经营可以实现对农业生产全过程和最终产品负责，以及对各种难以预料的变化做出反应，符合农业作为生物再生产过程的特点。

### （二）主要为家庭经营

大多数家庭农业经营的定义要求家庭农场部分或完全由某一个人或其亲属所有、经营和管理。联合国粮农组织近年的农业普查表明，在几乎所有可以提供农业经营者法律地位的国家，超过90%的农场经营者是个人、一群个人或一个家庭，有的有正式合同，有的没有。在其余的情况下，经营者为某种实体，如一家企业、一个合作社或一个公共组织或宗教机构。

## 三、农业家庭承包经营的风险

农业生产广泛存在着各种各样不确定性。不确定性对于分析农业经济、展望农业经济的未来，有着重要意义。不确定性是以不同程度影响市场经济中所有各种经济行为的条件。但是，考虑到天气和其他自然因素对农业产量和农业生产周期长度的影响，所以，不确定性对农业生产比对工业生产的影响更大。

此外，发展中国家的农民还面临着许多在工业化国家有组织的生产结构中很少出现的不确定性。基于以上定义的解释，如果农民将不确定性主观视为事件发生的概率，则事件的发生便可以用风险来表示，因此，可以把农民面临的不确定性归纳为以下四类：

### （一）自然风险

自然风险是指气候、瘟疫、疾病和其他自然灾害给农业产量造成的不可预期的影响。这里，不利的气候可以从播种到收割的各个阶段影响农民生产决策的后果。因此，我们不应当仅仅注意长期干旱的灾难性后果。同时，农民克服瘟疫与疾病的能力，取决于他们购买相应市场产品的能力。而在农业社会中，不同家庭具有的购买能力有着极大的差别。自然灾害风险也可以称为收益或产量不确定性。

### （二）市场波动

农民从做出种植或饲养牲畜的决策到取得产品之间有一段很长的时间，这意味着农民做出决策时，并不知道他销售时的产品市场价格。世界上所有农民都遇到这个问题，它是各国政府干预农产品市场的一个原因，但这个问题在发展中国家的农业中更为严重。发展中国家农业的普遍特征是缺乏信息与市场不完全。而对种植多年生作物（如可可和咖啡）的许多农民来说，因为栽种与第一次收成要相隔若干年，这个问题更为严重。市场波动也可以称为价格不确定性。

### （三）社会不确定性

社会不确定性主要是指农民对资源控制权的差别所造成的不确定性。它也指一些农民家庭因为分成制或高利贷等因素造成对他人的依附和由此产生的生活无保障。这类不确定性出现于土地所有权不平等的农民社会中，并特别表现为一些农民能够使用土地，而另一些农民不能够使用土地的高度不确定性上。这种社会不确定性在一些国家比另一些国家更为严重。我国农业家庭经营中，保障农户承包经营权的长久不变，在某种程度上便是为了防范农户可能面临的社会风险。

### （四）国家行为与战争

农民遇到的不确定性，不仅仅来自气候、市场以及当地地主或高利贷放款人。作为一个整体，农民经济很容易受到国家机构反复无常行为的危害。一些国家的决策常常从此时到彼时、从一届政府到另一届政府便发生重大的变化。农民也经常被卷入反叛的战争中，有时作为战争的拥护者，但更多作为旁观者，而受着战争双方的掠夺。这样的不确定性显然随着时间与空间的不同而有着很大的高低差别。但农业经济研究不能够完全忽视它们，这里要提及的还有农民作为难民的无保障性，这一点的重要性正在全世界不断提高。农民难民在接纳他们的国家中，几乎享受不到社会和法律权益。

## 四、农业家庭经营管理的完善方向

农业是事关吃饭问题的基础产业，特别是对于人多地少的中国来说，促进农业的发展更是意义重大，并且，当前农民还是我国国民中最主要的构成，因此，我国必须重视农业，重视农业的家庭经营。总体来看，应对我国农业家庭经营中的问题，需要实现两个转变：一是家庭经营要向采取先进科技和生产手段的方向转变；二是统一经营要向发展农户联合与合作，形成多元化、多层次、多形式经营服务体系的方向转变。

### （一）明晰农地权属，促进土地流转

当前，在农业的家庭经营过程中，我国农地面临着流转不规范、农地权属功能没有有效激活、农民承包权益受到侵害的现象，影响了农业现代化的推进。究其根源，在于没有很好地厘清土地权属安排及合理的实现机制，政策推进过程中农民承包经营权得不到充分落实，农民与土地利益相关方存在不透明、不对等的博弈。解决这一问题的关键在于明晰农地权属的安排，并可以以正式的合约方式对农地权属进行市场化处置。明晰权属安排，即对各类权利的边界、行使主体以及附着利益等进行明确的界定，将相关活动与交易置于以法律合约调整的市场系统。在此基础上，推进农地流转，逐步解决我国农业家庭经营过程中的细碎化问题。

### （二）推进合作发展，完善社会服务体系

小农的联合以及社会服务是促进农业家庭经营可持续发展的基础，探索我国农户的实质性互助合作以及社会服务的高效实现，不仅是克服我国农业家庭经营细碎化的主要措施，也是降低农业生产成本、提高农业竞争力的有效途径。当前，我国大力推进合作社的发展，但大部分合作社的服务功能还不强，下一步应着力解决合作社的规范性、带动性的问题，使合作社真正成为为农服务的主体。另外，还应进一步探索农业社会化服务的具体形式，基于我国人多地少的现实情况，完全依靠农地流转实现家庭规模经营并不现实，在促进农地流转的同时还应从服务的规模化层面予以推进。

### （三）发展第六产业，实现小农户与大市场的衔接

农业产业的特性决定了农业是相对弱质的产业，比较收益较低，为了提高农业家庭经营收益，保障农产品供给，结合新近的发展理念，可以着力推进农业产业的"接二连三"，发展第六产业，通过家庭农业经营与第二产业、第三产业的结合，增加农户收益。如大力发展"公司+农户""公司+合作社"的农业产业化经营，加强产地市场体系建设，支持发展直销、配送、电子商务等农产品流通业态，引领种养业品牌培育与产业升级，推进农业供给侧改革，让农民更多地分享产业链增值收益。

### （四）培育职业农民，培养农业后继者

农民的职业化是现代农业的主要特征，但从目前情况来看，我国农民务农的意愿并不高，特别是"农二代"，这就造成了我国农业的老龄化现象突出。为了推进农业经营的职业化，一方面要让农民有里子，提高农业的农业经营收入；另一方面还要让农民有面子，

通过现代生产手段与社会化服务措施，提高人们对农业经营的认知和对农业职业的认同感。

除此之外，还应建立农业经营的职业发展体系，完善农业职业的保障体系，如学习台湾等地区经验，建立老农津贴制度等。再次吸引年轻人从事农业。农业老龄化是世界农业面临的难题，农业的发展，需要更多的年轻人从事农业，可以以职业发展为切入点，通过教育体系、资助体系以及保障体系的改革，吸引年轻人，特别是"农二代"从事农业经营。

### （五）不断进行制度创新，持续加大对农业的支持

首先，要进行制度创新。中国改革开放40多年来农业取得的巨大成就，离不开制度创新。为保障我国粮食安全，促进农业现代化发展，应在坚持农业家庭经营的基础上，进一步通过农业制度创新激活农业资源禀赋价值、促进资源合理配置、提高农业生产效率。其次，建立稳定的农业投入与支持体系。农业不仅是一个经济产业，还具有较强的外部性。当前；我国已到了工业反哺农业、城市支持农村的阶段，应持续加大对农业的支持力度。最后，为了克服农业家庭经营的外部性，促进农业的可持续发展，还应探索农业支持方式的创新，如支持强度与农业良好作业规范挂钩等。

## 第二节  农业合作经济组织管理

人是群体性动物，因此，不管是人的经济活动还是社会活动，都会与其所处的社会产生关联，其活动也不能离开人与人之间的互助合作。人最主要的活动是经济活动，经济活动的过程一直都是人与人的联合和多人的集体行动。所以，从这个意义上说，所有的经济组织都是合作经济组织，因为人们在生产、消费等经济过程中都是以人与人之间的分工、协助和合作为基础的。因此，合作经济的产生是必然的。

### 一、合作经济的内涵

合作经济的概念有狭义和广义之分，就狭义而言，合作经济概念就是指合作社经济，这是合作经济最原始的概念；而就广义而言，合作经济的基本原则是：集体占有或控制、平等自愿、共同劳动、民主管理、按劳分配和按股分红相结合，可以看出，广义的合作经济概念是合作社经济的延伸和扩展，指合作经济组织通过某种组织形式而进一步组合后的经济组织，如合作社之间进行相互合作而组建的经济组织。有人认为，合作经济就是合作社经济；也有人认为，合作经济包括一切经济合作。这两种表述都是不准

确的，前一种表述包含范围过窄，后一种表述包含范围太宽。从合作运动产生和发展的历程可以看出，近代和现代的合作是由劳动者和小生产者间开展互助合作，否定生产资料的资本性质而产生的。所以，合作经济的概念应当指劳动者在民主自治基础上实行联合的各种形式，这些形式包括合作社经济和社会主义条件下劳动者自治联合的其他形式。

合作经济是商品经济发展到一定历史阶段的产物，是市场经济中不可缺少的活跃主体，合作经济与公有制经济、私有制经济共同构成了世界经济的三大体系，这种特有的经济形式具有很强的适应性，对世界经济的发展、消除贫富差距和保护弱势群体利益发挥了积极的作用。

## 二、农业合作经济组织的本质特征

农业合作经济组织兼具经济组织和社会组织特征，是两者的有机结合。所以，农业合作经济组织的本质特征可以从经济、社会特征两个方面进行阐述。

### （一）农业合作经济组织的经济本质

农业合作经济组织的本质可以概括为以下三点：

#### 1. 农业合作经济组织是农民的互助性经济组织

在市场经济条件下，农民作为单独的小生产者，在生产领域、流通领域、销售领域都处于弱势地位，这是由市场经济的竞争属性所决定的，并不能以人的意志为转移。农民为了维护自身的利益，自发成立农业合作经济组织，以合作组织的力量来弥补个体在市场经济竞争中的不足。在我国社会主义市场经济条件下，从客观上来说依然存在经济地位上的强者和弱者。像农民这样的弱者为了改变自己所处的弱势经济地位，可以通过农业合作经济组织来扩大经济规模或获取服务。在市场经济条件下，处于经济强势地位的个体或组织往往倾向于实行股份制，而处于经济弱势地位的农民往往倾向于联合起来实行合作制。股份制和合作制的共同存在是市场经济制度无法避免的。所以，农民所处的经济地位决定了农业合作经济组织是弱势经济群体的联合。

#### 2. 农业合作经济组织不以营利为目的

不管是资本主义企业还是社会主义企业，在市场经济条件下，两者都是资本的结合体，都是以追求利润最大化为目标的。如果企业没有利润，最终结局将是破产倒闭。但是，农业合作经济组织作为经济弱者之间的联合组织，则以维护和提高其成员的利益和地位为宗旨。这是因为农业合作经济组织的成员身份具有同一性，即组织内的成员既是组织财产的所有者，又是组织事业的利用者。例如，通过农业合作经济组织，农民可以实现集中购买生产原料和销售农产品，利用集体的合作力量提高其在市场经济中所处的地位。并且，农业合作经济组织与内部成员进行的市场交易过程中产生的盈余还须按规定以交易额返利给成员，所以，从一般意义上讲，农业合作经济组织不会产生像企业利润一样的收益。当然，农业合作经济组织与非成员间进行的交易是按市场经济的交易规则正常进行的。同时，农业合作经济组织为了给成员提供优质的社会化服务，其运营模式通常是企业化经营的。农业合作经济组织成员身份的同一性在一般性企业是不可能的，所以，这是农业合作经济组织特有的经济特征。

### 3. 农业合作经济组织不排斥成员的经济独立性

农业合作经济组织成员入股的资本是"私有公用"，即股本所有权仍然归成员个人所有，只是使用权归农业合作经济组织所有。这种"私有公用"的关系，导致农业合作经济组织的分配方式是按一定比例的股金分红。也就是说，股金分红是"私有公用"这种特殊的财产所有权的经济实现形式。所以，农业合作经济组织是其成员经济独立存在的一种经济组织。

## （二）农业合作经济组织的社会本质

通过以上分析，农业合作经济组织的社会本质可以归纳为以下四点：

### 1. 农业合作经济组织是其成员的自由组织

只要是符合农业合作经济组织章程所规定资格的个体，都可以申请加入农业合作经济组织。个体被批准后，如果认为农业合作经济组织对自己没有任何用处，也还可以自由退出并撤回申请时的入股金。这和股份公司是有区别的，股份公司的股票只允许转让而不允许退股。

### 2. 农业合作经济组织是其成员的民主团体

农业合作经济组织的经营管理原则上实行"一人一票"的民主选举制，而股份公司不同，后者实行"一股一票"制。"一人一票"制反映出农业合作经济组织成员参与组织运营的民主权利，这与股份公司大股东经营管理企业有着本质的区别。

### 3. 农业合作经济组织是其成员的自立团体

通常政府及社会团体会在资金、技术、人才、信息等方面为农业合作经济组织提供支持和帮助，但是这种支持和帮助是以农业合作经济组织的自立权和自主权为前提的。法规规定政府及社会团体不能侵犯农业合作经济组织自立、自主的权利。

### 4. 农业合作经济组织是其成员的区域团体

农业合作经济组织的活动有很强的区域性。农业合作经济组织区域的界定，是为了明确成员申请加入的资格,这和股份公司不限股东地域范围的规定也是有本质区别的。

## 三、农业合作经济组织的运行机制

农业合作经济组织是在市场经济条件下,在不改变农户家庭财产关系和以农户或农场为基本生产经营单位的前提下,充分尊重农户的市场主体地位和合作意愿,以加入自愿、退出自由为原则,以入社农民共同所有、民主管理的企业经营管理制度来满足共同的经济需求和社会需求的自助、自治、自立的经济组织。农业合作经济组织的运行应遵循以下六点原则:

第一,在合作方式上,农业合作经济组织应不改变家庭承包经营制度,充分尊重农户的市场主体地位和合作意愿,以加入自愿、退出自由为前提,引导农民从自身利益的角度出发,独立地开展生产、技术、加工、销售等环节的联合和合作。

第二,农业合作经济组织应履行的首要功能是"市场功能"。通过合作自助来提高生产效率和产品竞争力,改善农业合作经济组织成员在市场交换中的不利地位。同时农业合作经济组织内部也要对成员坚持效率优先原则,让效率高的合作者获得更多的分红,以增强农业合作经济组织的活力。

第三,保障公平。在农业合作经济组织中,人力与资本等生产要素之间的合作应是在平等原则之下进行的。农业合作经济组织要保障成员公平地享受到他们参与组织的利益。坚持为成员服务,对内不以营利为目的,通过无偿的技术、信息服务,无偿或低偿的农资供应,以保护价、最低价收购或二次返利等优惠政策,给成员以实惠,维护成员和组织的利益;对外必须强调其营利性质,从而使农业合作经济组织更好更快地发展,更好地为成员服务。

第四,民主管理。农业合作经济组织的组织机构由成员民主选举产生,有关农业合作经济组织重大事项的决策都必须经过民主讨论决定,在选举管理机构或讨论重大决策时,成员拥有同等的权利,即不论成员的股份占比多少,均实行"一人一票制",即使按成员对合作社的贡献加票,也有严格的规定和限制。

第五,产权清晰。在新型农业合作经济组织中的产权划分应分成两个方面:一方面,成员以各种形式参与合作所表现出的个人产权;另一方面,全体成员在合作过程中积累的合作产权。对这两个方面产权的界定必须清晰,对产权所形成的个人利益和合作利益必须明确加以区别,并以法律或合同约定的形式加以保障,以此调动合作者参与合作及在合作过程中的积极性。

第六,合作教育原则。对农业合作经济组织成员进行合作思想以及技术知识、管理知识等方面的教育。

## 四、农业合作经济组织管理的模式

### （一）"基地+农户"型的利益共同体

该模式以农产品生产基地建设为载体，将基地的土地或水面承包给农民经营，科技人员进行技术跟踪指导，供销社等有关机构帮助农民解决销售问题。这一模式在没有动摇"家庭联产承包制"的前提下，在开发利用荒山、荒坡和水域等水土资源的同时，实现了农业规模化经营，深受农民欢迎。

这种模式也存在不足之处，其重心主要放在种植、养殖等生产环节上，如果农产品的加工、营销等环节没有相应地增强，利益关系就非常不稳定，也不能实现规模效应。

### （二）"公司+农户"型的利益共同体

该模式以种养大户、农产品营销专业户、农产品深加工业作为龙头，通过买卖关系和"保障最低收入合同""保护价收购合同""利润分成合同""资金扶持合同""生产合作合同"等契约关系，在农产品、种苗或原材料的购销、技术服务等方面，与农户形成较为牢固的合作关系，并成为利益共同体。

和"基地+农户"模式相比，公司与农户在农产品的营销、加工方面的联系更加紧密，参与市场竞争的能力更强。但是往往销售价格的决定权取决于更占优势的公司，农户缺少利益代言人，意见很少被公司采纳，处于被动接受方，双方沟通的成本也比较高；而且在农产品市场行情出现波动的时候，农户本身要承担很高的风险。

### （三）"公司+基地+农户"型的利益共同体

龙头企业参与到"基地+农户"模式中，形成"公司+基地+农户"类型的利益共同体，将生产、加工和营销等环节连接起来，并在一定程度上实现"利益共享、风险共担"。这种模式弥补了"基地+农户"模式的不足，增加了农民进入市场的组织程度。

### （四）"公司+合作组织+农户"型的利益共同体

近些年来，农村出现了许多具有一定规模和产品营销能力的专业合作组织。这些专业合作组织在一定程度上将农户组织起来，与龙头企业通过契约关系或互相参股、互为成员的形式，实现企业、合作组织和农户三者之间的共同发展，形成了"公司+合作组织+农户"类型的利益共同体。专业合作组织遵循平等、自愿、互利的原则，在不改变家庭承包经营制度和不侵犯农民自主生产经营权的前提下，帮助农户解决分散经营所面临的困难，并有针对性地开展生产、销售等服务,这种模式下,在与龙头企业的交往中,合作组织作为中间组织,农户维权的能力变得更强。因此,这种类型有利于建立稳定的种产销关系和合理的利益联结机制。

### (五)股份合作制企业

利益相关者用土地、人力、资金、技术和管理等生产要素入股,形成股份合作制企业。相比前几种类型,这种经济组织产权明晰,与农户之间的关系更加紧密,运作机制更加有效,利益分配方式采取按劳分配与按资分配相结合的方式,各利益相关者形成紧密的利益共同体,农民既可以是合作组织中的劳动者,又可以以企业股东的身份参与公司的经营管理,并对企业生产经营管理和利益分配进行监督和约束。股份合作制是农村集体所有制条件下的一种有效的组织形式,是农业合作经济组织进一步发展的方向。

## 五、农业合作经济组织管理的发展趋势

可以看出,我国政府对合作经济组织的支持力度越来越大,因此,农业合作经济组织将有广泛的发展空间。我国农业合作经济组织的发展趋势,既受市场经济发展内在规律的影响,也受人们的认识和选择的影响。对于前者,毫无疑问,随着我国农村市场经济的不断发展和专业分工的不断完善,以农民专业合作社为代表的中国农村专业合作经济组织将会进一步发展和完善。目前,我国农业合作经济组织的政策法律法规已经初步形成,促进了农业合作经济组织的发展,它们具备良好的外部发展环境,面对出现的各种新问题和新情况,能够及时解决和完善,各类农业合作经济组织将进一步发展壮大。

### (一)农民专业合作社联合组织将进一步发展

合作社的基本原则包括合作社之间的合作,合作社联合已经成为世界合作社运动的常见形式。我国合作社间的联合会组织发展也已经开始起步,当前,我国合作经济联合组织的发展形式既有相同类型的农业合作经济组织之间的联合组织,也有不同类型的农业合作经济组织所组成的联合会。这些形式的联合,不仅可以促进农业合作经济组织本身的发展,也可以实现农业合作经济组织的经济目标和社会目标。

### (二)资金互助合作及信贷合作将有所突破

目前,我国农业合作经济组织发展的现实情况是农村信贷资金供需矛盾比较突出,面对这个情况,社区组织内部成员之间、专业合作组织成员之间的资金互助合作是解决农业合作经济组织融资难的途径之一,并在此基础上发展互助合作金融。当前,农村互助合作

金融已经初步具备了一些发展条件，有相应的政策指引和实践经验。如果进一步地加强政策引导，为农业合作经济组织创造更加稳定有利的环境，将会涌现出更多形式的农村资金互助组织，并成为农业合作经济组织未来发展的热点。

### （三）农业合作经济组织的功能将更加健全

农业合作经济组织正在逐步向产业化经营方向发展，实现"贸工农一体化、产加销一条龙"。农业合作经济组织的作用将更加凸显。通过强化服务功能，逐渐由松散联合转变为紧密联合、由劳动联合转变为劳动与资本的双重联合，进而形成股份制合作形式的实体化经济组织。农业专业合作组织的经营范围将逐步扩大，对推进农业区域化布局、专业化生产、规模化经营有着重要作用。农业合作经济组织将成为联系政府与服务农民的桥梁和纽带，不断扩大经济和社会影响力。

### （四）发展层次和规范程度将明显提高

新时期我国农业合作经济组织如雨后春笋般迅速增加，已经具备了"数量基础"，可以预见，在今后农业合作经济组织的发展过程中，各级政府将在鼓励农业合作经济组织数量增长的同时，追求"量质并重"，把更多的精力和资源投入提高农业合作经济组织的发展层次和规范程度。作为提升农业合作经济组织质量水平的手段，各级政府将通过各种方式加大农业合作经济组织的服务能力建设和民主管理制度建设，使其制度更加健全，运行更加规范，并通过示范社的示范带动农业合作组织整体质量水平的提升。

### （五）农业合作经济组织之间将进行更多的联合与合并

近年来，我国各地均出现了各种形式的农业合作经济组织之间的联合组织，这也是其发展壮大的趋势。从形式和功能上讲，这种合并主要分为两种：一种是由几个相同行业或相同类型的农业合作经济组织联合组建的农业合作经济组织，这种联合组织将直接参与农业生产经营活动，规模更大，层次更高，能够更好地为其成员提供服务；另一种是同一区域内的各类农业合作经济组织联合组建的组织，这类联合组织的主要功能是为成员提供技术交流、信息服务、教育培训和行业自律等服务平台，并不直接参与营利性活动。通过同业、同区域的联合或重组，农业合作经济组织可以进一步地整合资金、人才、设施、品牌和市场资源，可以有效地提高合作社的服务能力，降低组织成本和提高运行效率。

# 第三节 农业产业化经营管理

## 一、农业产业化经营的内涵

农业产业化经营，国外也称之为农业一体化经营，20世纪50年代发源于美国，随即在西欧与日本也得到发展，其实质是将农业生产的产、供、销三方面有机结合。对于这一经济发展行为，1957年，哈佛大学工商管理学院的Davis与Goldberg将其定义为"农业一体化"（Agricultural Integration），并综合"农业"（Agriculture）与"工商活动"（Business）为"农业综合经营"（Agribusiness）一词，并在理论研究中广泛运用，农业产业化经营逐渐成为西方国家农业经营的重要形式之一。

国内长期研究普遍认为，农业产业化经营应涵盖至少六个要素：一是生产的产品面向国际、国内两个市场；二是主要依托当地自然优势、产品优势和经济优势，发展和生成农业产业；三是生产过程实行专业化分工；四是产业经营和发展要有一定规模；五是在生产环节采取农、工、商、产、供、销密切结合的方式；六是在经营管理上尽可能地采取现代化的企业经营管理方式。因此，对农业产业化经营的定义，即农业产业化经营是指以市场为导向，以经济效益为中心，主导产业、产品作为重点，对各种生产要素优化组合，采用区域化布局、专业化生产、系列化加工、规模化建设、企业化管理、社会化服务，发展种养加工、产供销、贸工农、农工商、农科教一体化的经营体系，引导农业走上自我发展、自我积累、自我约束、自我调节的良性发展轨道的一种现代化经营方式与产业组织形式。

## 二、农业产业化经营的特征

农业产业化经营与封闭传统的小规模、分散型农业生产经营是相区别的，该经营方式与组织形式具有以下特征：

### （一）产业一体化

农业产业化经营将市场需求作为导向，选择并围绕某一主导产业，在经营方式上，有机地结合农业生产的产前、产中、产后各环节，凭借多种形式的联合和合作，将农业生产过程与生产资料供应、农产品加工、销售等诸环节整合到一个经营实体内，打造一体化经营的产业链条，使不同环节的参与主体形成风险共担、利益均沾、同兴衰、共命运的共同体，将外部经济内部化，同时降低交易成本，农业的比较效益得以提高。这样，既联结起千千万万的"小农户""小生产"与纷繁多变的"大市场""大需求",还能联结城市与乡村、现代工业与落后农业,从而推动区域化布局、专业化生产、规模化经营、企业化管理、社会化服务等一系列变革,相互衔接农产品的生产、加工、运输、销售等环节,使其相互促进,协调发展,实现农业产业链中不同环节之间的良性循环。

### (二) 生产专业化

农业产业化经营在劳动生产率、土地生产率、农产品商品率和资源利用率等方面有着较大优势,这就要求在生产、加工、销售、服务等产前、产中、产后环节进行深细分工,相对独立经营,形成一定规模,实现专业化,使得产业链条中的每一个环节都能与一体化相结合,形成一体的专业化生产系列,所有产品都能以商品形式进入市场,从而有利于提高产业链的整体效率和经济效益。尤其是农副产品生产,作为农业产业化经营的基础,要求组织起小而分散的农户,实施区域化布局、专业化生产,在保持与稳定家庭承包责任制的基础上,扩大农户外部规模,破解农户经营规模狭小和现代农业要求的适度规模之间差距过大的难题。

### (三) 经营市场化

市场作为农业产业化经营的起点与归宿,传统小农经济自给自足的封闭状态的破除,离不开市场机制,这要求在农业产业化经营的资源配置、生产要素组合、生产资料和产品购销等方面实现市场化,主要体现在:一是把市场需求作为导向,优化调整农业结构,生产适销对路的产品,提高农产品的商品化程度;二是按市场机制对资源进行优化配置,完善生产要素,提高农用生产资料的商品化程度;三是根据市场机制的要求,对经营行为与组织活动进行规范,实现农业产前、产中与产后各阶段社会化服务的商品化。同时,在农业产业化经营当中,政府也应改变以往计划经济时代的农业的管理模式,经营领域放权于市场,重点提供公共设施建设、科技推广、产品开发等社会化服务,充分利用政策引导、宏观调控的效果。

### (四) 管理企业化

农业产业化经营即运用管理工商业企业的办法,对农业进行经营与管理,使各农户分散的生产及其产品向规范化与标准化转变,从根本上促进农业增长方式从粗放型朝集约型转变。这有利于根据市场需求安排生产经营计划,在及时组织生产资料的供应与全过程的社会化服务的同时,还能在农产品及时收获后,筛选分类,储存保管,加工转运,提高产品质量与档次,扩大销售,以达到高产、优质、高效的目的。同时,通过不同的联结方式,农业产业化经营构成一体化生产经营联合体,采用现代企业的核算制度,权责分明、管理科学、激励与约束相结合,有助于帮助农户脱离小农经济思想,适应市场经济。

### (五) 服务社会化

农业产业化经营,离不开社会化的服务体系,通过一体化组织及各种中介组织,利用配套的科技机构,提供给共同体内不同组成部分产前、产中、产后的信息、技术、管理、经营等多方面的服务,将所有生产要素直接、紧密、有效地进行整合。产业化经营体系内部的每一个主体为了自身利益和长远目标,都会尽可能地为其他主体提供便利的服务,在全方位的社会化服务下,生产水平得以大幅提高,经营风险也将降低,从而有利于整个产业链条的共同发展。

## 三、农业产业化经营管理的模式

根据农业产业化经营的内容、组织结构及利益关系的区别,可以将农业产业化经营划分为不同模式,主要有"龙头"企业带动型、市场带动型、中介组织带动型三大类。

### (一)"龙头"企业带动型:企业+农户

"龙头"企业带动型,是以公司或集团企业作为主导,将农业生产资料的生产、供应企业或农产品的加工、运输企业作为"龙头",以一种或几种产品的生产、加工、销售为重点,实行系列化生产经营,并有机联合生产基地及农户,进行一体化经营,构建"风险共担,利益共享"的经济共同体。此种模式是我国农业产业化经营的主要模式之一,从20世纪90年代初期至今一直不断发展。

该模式的特点是,企业和生产基地及农户形成紧密的贸工农一体化生产体系,采用合同契约、股份合作制等不同利益联结机制,其中最主要,也最常见的还是合同契约方式。企业和生产基地、村或农户签订购销合同,约定签约双方的责任及权利,企业明确对基地和农户的扶持政策,提供全过程服务,确定产品最低保护价并承诺优先收购,农户定时定量,按合同要求向企业交售规定产品,形成通常所说的"订单农业",也有的企业反租倒包农户的土地,使农民成为企业的员工,或是让农户以土地、技术、劳动力入股企业,与企业形成利益共同体。

龙头企业与农户的利益联结机制主要有以下五种:

#### 1. 买断式利益联结机制

企业对农户生产的农产品按市场价进行收购,双方没有任何经济上的联系和约束,互相凭借信誉维持市场交易关系,比较松散且较不稳定。虽然在一定程度上解决了农产品销售难的问题,对农业生产有一定的积极作用,但农户仍只是初级农产品的提供者,在价格上处于被动接受地位，缺乏投入农业产业化经营的积极性。

### 2. 合同式利益联结机制

企业和农户通过签订产购销合同，详尽地规定农产品生产的品种、面积、数量和质量，企业按照事先约定的价格或市场价格收购农产品，使农户的小规模生产经营通过企业同市场联结起来。合同式联结对双方都有约束作用，使双方互相负有权利和义务，同时缓解了农户销售和企业购买的问题，调动了农户参与农业产业化经营的积极性。但实践中随意性较强，企业的强势地位常导致利益分配不公，双方行为的监督追责也存在困难。

### 3. 合作式利益联结机制

利益主体各方通过会员制合作、产购销分工合作、产业链管理合作等形式，将生产流通、加工等环节连接起来，以科技支持和信息服务等方式实现农业产业化经营。这种利益联结机制在一定程度上稳定了企业和农户之间的合作关系，农户作为利益集团的参与者可以分享到整个集团创造的效益，对企业和农户双方都有益。但利益集团中的强势主体为追求利益容易在运行中侵占、损害相对弱势的农民的利益，影响集团发展。

### 4. 企业化利益联结机制

企业同农户形成一个整体，将农产品生产、加工、销售等环节结合在一起，农户实际上是企业从事农产品生产的员工，与企业的利益紧密联系在了一起，实现了农业产业化经营。在企业化运作和管理下，农户利益与企业利益的统一，极大地鼓励了农户和企业的积极性，有助于提高农产品的市场竞争力，增加农户和企业的利润，促进农业产业化经营主体做大做强。

### 5. 股份合作式利益联结机制

农户通过合同以土地、资金、设备、劳动力、技术等要素作价入股企业，以企业股东的身份参与企业的经营管理和监督。农户通过入股转变了身份，提高了市场地位，收入有效增加。企业与农户之间有明确严格的权利和义务关系，风险共担、利益共享，充分调动了双方的积极性，促进农业产业化经营的发展。

## （二）市场带动型：市场+农户

市场带动型，指以某个专业批发市场为主，联合几个基地收购市场形成市场群体，引领周围大批农户开展农产品生产及中介贩售活动，最终形成一个规模较大的农产品商品生产基地及几个基地收购市场，不仅能使专业批发市场成为基地农产品的集散中心，还能形成更大范围内的农产品集散地。该模式重点是培育农产品交易的专业化市场，建立农产品集散地、信息发布与价格形成中心，实现以大市场、大流通促进大生产。

市场带动型模式的优势在于，该模式通过市场机制联系农户和农业产业化经营组织，覆盖范围的所有农户都可以自由进入交易，获取市场信息、获得生产服务并出售产品，能够充分利用市场的优势；减少农产品流通不必要的环节，控制交易费用，农户利益实现充分通过价值规律的作用，市场交易满足等价交换的原则，农户利益得到了提高；买方企业通过市场直接与农户对接，简化了交易环节，流通的成本也相应减少，利润空间得到扩大。

市场带动型模式也存在诸多不足，即在外部环境变化的情况下具有不稳定的特征。随着市场化与农业产业化经营的发展程度逐渐深入，市场风险逐步扩大，"小农户"和"大市场"的矛盾日趋严重，难以形成持久的竞争优势，最终在市场环境中被淘汰，导致模式被瓦解。

### （三）中介组织带动型：中介组织+农户

中介组织带动型，是指以中介组织为重点，在一种产品生产全过程的不同环节中，凭借合作制或股份合作制等利益联结机制，引领农户开展专业生产，有机结合生产、加工、销售等环节，进行一体化经营，进而形成竞争力强，成规模经营，生产要素大跨度组合优化，生产、加工、销售联结的一体化经营集团。尤其是以专业合作社为代表的合作经济组织，已经成为我国中介组织带动型农业产业化经营模式的重要组成部分。

中介组织带动型模式的优势在于，通过组织生产者减少"小生产"与"大市场"对接之间的障碍，降低了交易门槛和成本，提高了经济收益；紧密的联系关系，有助于技术、信息、运销等方面服务的提供，避免了不当的竞争，一些具有合作经济组织性质的中介组织，由于利益契合度较高，容易得到生产者的支持，促进农业产业化经营向前发展。

但是，中介组织特别是具有合作经济组织性质的中介组织，始终是一种相对松散的组织形式，组织成员有进入退出的自由，难以保证组织的相对稳定，组织成员的道德风险也很难克服；大部分组织缺乏相应的经济实力，经济基础薄弱，不能构建和完善自己的购销网络，市场开拓也较困难，对产品增值的幅度有限；由于组织契约不完全，运作缺乏规范，很难形成合理的利益分配机制，组织成员对组织的依赖性有所欠缺，反过来组织就很难有效实现对成员的服务功能，规模难以扩大，不利于农业产业化经营的持久发展。

## 四、农业产业化经营的利益机制

### （一）农业产业化经营的利益联结机制

利益联结机制是指农业产业化经营中的利益如何在各参与主体之间进行分配所达成的

程序安排和措施。在农业产业化经营的各种组织形式中，合作组织带动型组织中合作社与社员之间的利益关系明确，专业市场带动型组织中各参与主体没有直接的利益关系，而其他几种组织形式（包括龙头企业带动型、涉农企业投资农业型、工商企业投资农业型）中的企业（以下统称龙头企业）与农户是不同的利益主体，它们之间需要建立一定的利益联结机制。

按照龙头企业与农户的利益联结方式，农业产业化经营的利益联结机制主要有以下三种类型：

### 1. 合同联结

合同联结，即龙头企业与农户（合作社）签订农产品购销及其他相关合同，以契约关系为纽带，实现利益共享、风险共担。合同的主要内容包括：龙头企业负责向农户（合作社）提供种苗、肥料、农药、生产技术指导等服务，并按合同约定的价格收购农产品；农户（合作社）按合同约定的品种、规格、质量和数量生产农产品，并按合同约定的价格把农产品卖给龙头企业。部分企业还与农户（合作社）约定利润返还标准，农户（合作社）可以根据提供的农产品数量从龙头企业得到农产品加工、流通环节的一部分利润。这种利益联结方式的优点是：形成契约过程比较简单，双方合作的成本较低，可发挥龙头企业和农户（合作社）两个方面的优势，经营更为灵活主动。不足之处在于：由于龙头企业处于强势地位，合同约定的权利、义务难免失衡。如缺乏有效的监督机制，农民的利益难以保障。另外，由于合同约定的交易是远期交易，双方均存在因市场波动而产生违约行为的可能性，激励双方履行契约的成本比较高。

### 2. 股份联结

股份联结，即龙头企业与农户（合作社）以股份制或股份合作制形式组成新的经济实体，或农户（合作社）投资参股到龙头企业，龙头企业与农户（合作社）以产权关系为纽带，实现利益共享、风险共担。当然，龙头企业与农户（合作社）在生产经营中实行分工。龙头企业负责生产经营决策的制定和实施，并负责生产资料的供应、技术指导和产品的加工与销售；农户（合作社）按龙头企业的要求进行农产品的生产，并参与企业的决策、管理和利润分配。这种利益联结方式的优点是龙头企业与农户（合作社）双方的利益关系稳定，不足之处主要是运作和管理成本较高。

### 3. 市场联结

市场联结，即龙头企业根据市场行情和加工的需要，凭借自身的信誉，在市场上随行就市收购农户生产的农产品，双方自由买卖，价格随行就市。在这种利益联结方式下，各参与主体并没有建立利益共享和风险共担机制，是参与主体之间最松散的利益联结方式。

## （二）农业产业化经营的风险分担机制

风险分担机制是农业产业化经营组织就产业化经营中的风险如何在各参与主体之间进行分摊所达成的程序安排和措施。农业生产总是存在自然风险和市场风险的，农业产业化经营可以增强抗御风险的能力，但不能绝对消除风险，因此，农业产业化经营组织需要明确风险的应对策略和分担方法，在风险共担的基础上实行利益共享。

1. **自然风险分担机制**

在农业产业化经营中，基地农户（合作社）担当着农产品生产者的角色，直接面对自然，因此，自然灾害主要是对农户（合作社）造成威胁。在龙头企业与农户（合作社）实行合同联结的情况下，这种自然灾害带来的直接损失一般由农户（合作社）自己承担，但龙头企业一般不追究由此造成的农户（合作社）不能按质按量交售农产品的责任，因此，龙头企业也间接地承担了一定的自然风险。在龙头企业与农户（合作社）实行产权联结的情况下，由于龙头企业一般不参股农产品的生产环节，龙头企业也不直接承担自然灾害造成的损失。当然，龙头企业也可以主动承担农户（合作社）的部分风险，其做法一般是龙头企业建立风险基金，用于发生自然灾害时对受灾农户（合作社）的补贴，或为农户（合作社）提供农业保险费补贴。

2. **市场风险分担机制**

在农业产业化经营中，无论是基地农户（合作社）还是龙头企业，市场风险都是不可避免的。市场风险一般表现为农产品市场行情和价格的波动。分担市场风险的原则是恪守信用，履行契约承诺。当农产品市场价格滑落低于合同价时，龙头企业按合同价收购农户（合作社）生产的产品，而不是以此为由压低产品的收购价；反过来，当农产品市场价格上升高于合同价时，农户（合作社）也按合同价向龙头企业提供农产品，而不是向市场出售，或另找其他出价高的买主。

## （三）农业产业化经营的行为约束机制

行为约束机制是指对农业产业化经营中各参与主体的行为规范，其主要功能是抑制参与主体的机会主义行为倾向，降低交易成本。从农业产业化经营的实践看，龙头企业与农户（合作社）的行为约束机制有以下三种：

（1）信誉约束。信誉约束，即龙头企业和农户（合作社）凭借自己的信誉和传统的产销关系，通过市场进行交易，价格随行就市。一般认为，这种龙头企业与基地农户（合作社）没有契约（合同）关系，只能算是产业化经营的雏形。

（2）契约约束。契约约束是农业产业化经营中普遍采用的方式。具体做法是：龙头企业与基地农户（合作社）签订具有法律效力的合同，明确约定各方的权利和责任。龙头企业按合同约定向基地农户（合作社）提供无偿或有偿服务，按合同约定收购基地农户（合作社）的产品；基地农户（合作社）接受龙头企业的指导，搞好农产品的生产，按合同约定向龙头企业交售产品。如果一方违约，另一方通过法律途径追究违约方的责任。

（3）产权约束。产权约束，即龙头企业采用股份制或股份合作制的形式吸收基地农户（合作社）入股，使龙头企业与农户（合作社）以股份为纽带，结成经济共同体。这样，龙头企业演化成为股份制或股份合作制的法人实体，而入股农户（合作社）则成为企业的股东和企业"车间"型经营单位，相互依存，共兴共荣。

## 五、农业产业化经营的发展趋势

在农业产业化经营得到快速发展的时期，我国农业产业化经营正面临着逐步从量的扩张向质的提高转变，由点状发展转向优势产业带集聚，由单一的劳动密集型为主转向劳动密集型、技术密集型与资金密集型并重发展，由初级加工为主朝精深加工延伸转变，由单一组织模式朝多元化组织类型发展。

### （一）"龙头"企业向规模化、集团化方向发展

随着农业产业化经营组织数量的增加和实力的提高，"龙头"企业需要应用科学的管理，不断通过自身的发展和创新，提高市场竞争力。这就要求经营单一企业通过兼并、收购、控股等方式，迅速成长壮大；要求小型企业依托较大的企业或组织规模相近的企业，组建企业集团；要求同类企业以品牌加盟、资本或其他要素的联合的方式实现共同发展；有序地展开更多的跨地区、跨行业的合作。"龙头"企业若不向规模化、集团化的方向发展，则难以适应市场变化，难以推动农业产业化经营不断发展。

### （二）中介组织在农业产业化经营中的地位越来越重要

近年来，农业合作经济组织和行业性合作服务组织兴起和发展，凸显了中介组织在内联农户、外联市场层面的优越性。虽然存在种种制度缺陷，还难以完全适应农业产业化经营发展的需要，但仍然在农业产业化经营中占据着重要的地位，是农业产业化经营中不可缺少的一环。随着利益联结机制和经营机制的进一步完善，必然会给农业产业化经营发展带来巨大的活力。

### （三）经营模式向组织创新发展

新型农业经营体系的出现，激发了农业产业化经营模式的创造力，促进了众多新的组织形式产生。以生产大户、家庭农场、合作农场、联户经营为代表的一系列新型农业生产

经营主体开始取代原有的农户,与"龙头"企业、中介组织、专业市场进行对接,一些新型主体和合作经济组织甚至发展出了"龙头"企业、中介组织、专业市场的功能,"企业+家庭农场""企业+合作社+家庭农场""合作社+合作社"等形式多样的农业产业化经营新模式将不断涌现。

### (四)主导产业向多元化发展

现在农业产业化经营已经发展成为多行业、多产品的产业经营方式,蔬菜、果品、油料、粮食、林产品等领域的产业化经营都在不断发展,内容不断丰富。许多新兴的有潜在资源优势、经济优势、技术优势的产业链环节正逐步发展成为产业支柱,形成主导产业。以农产品精深加工为代表的产业支柱,正逐渐促进农产品链条延伸和产业化程度提高,提高产业附加值,带动农业产业化经营迈上新的台阶。

### (五)农业产业化经营覆盖面积继续扩大

从我国农业产业化经营发展的情况来看,覆盖面自东向西不断延伸。最初,我国的农业产业化经营仅在山东省的几个城市兴起,慢慢波及山东全省,而后在经济比较发达的东部地区和大城市郊区,如江苏、辽宁、广东、上海等地,都快速开始快速发展起来,中部地区和西部地区也逐渐把农业产业化经营作为农业发展的重点战略。在今后一个时期内,农业产业化经营的覆盖面积将继续扩大,在全国范围内呈现东中西地区并进、大中小规模共生的局面。

### (六)农业产业化经营向规范化发展

在我国农业产业化经营的带头组织、经营模式、主导产业、覆盖面积都向前发展的同时,会促使整个农业产业化经营的全过程更加规范有序。只有规范的产业经营,才有助于规模化、专业化生产,有助于高新技术的推广应用,有助于社会化服务的开展,才能够发挥相应的带动力,吸引社会资本和国际资本投入,吸引农户参与,优化农业资源配置,提高生产效率,增加国际竞争力,促进我国农业更好更快发展。

# 第四节 农业产业集群管理

任何经济系统竞争力的提升都体现为一定战略目标下有效战略措施的实施效应。无论是农业产业集群还是农业产业区的经济发展,竞争力的提升是其发展的终极目标。因此,农业产业集群优化升级的战略措施研究是农业产业集群研究领域的重要环节。

## 一、农业产业集群的内涵

"农业产业集群"这一概念是产业集群在农业产业中的应用而来的,是产业集群在农业生产组织模式中的创新。

产业集群的定义指向具体某类产品,在地理上集中,且在特定产业或者几种产业内,由相互关联性的企业、专业化供应商、服务供应商、相关产业的厂商以及相关的服务性机构(如政府组织、科研机构、制定标准化的机构、行业协会、银行等)所构成的集合体。

农业产业集群是农业产业化的一种实践表现形式,表现为特殊的"Agribusiness"。根据本书研究需要,将其定义为:以某种农产品供应链为纽带,大量产业紧密联系的专业化产业企业以及相关支撑服务机构和组织相关行业,在一个或者多个地理空间集中或者接近而形成的综合体。若农业产业集群包含若干个子产业集群,子产业集群以承担所在农产品供应链流程的一个或者多个环节为特征,并且相互之间存在稳定的经济联系。其具有如下内涵:

(1)以某种农产品供应链网络方式结合的有机整体;
(2)以农业生产以及农业生产关联企业为基本单位;
(3)具有空间或地域集聚的特性;
(4)存在专业化分工,并拥有一个某类农产品主导性产业。

由此可见,农业产业集群实质上是农产品供应链的几个环节、整条或多条在一定地理区域里局部集中的综合体,在实践中具体表现为:以某一种或者相似的多种农产品以及以农产品为基本原料的加工品为主要产品的联系紧密的专业化产业企业以及相关支撑服务机构和组织形成的有机体系。

## 二、农业产业集群发展的关键要素

### (一)生产要素

经济学中通常将生产要素广义地划分为土地、劳动和资本(或再加上企业家才能),波特将其分为两类:一类是初级要素,如自然资源、气候、地理位置、非熟练劳动力等;另一类是高等要素,如基础设施(主要表现在交通基础设施和信息化方面)受过高等教育的人力资源(如电脑科学家和工程师)富有创新精神的企业家、研究机构等。

### (二)需求条件

需求条件是指集群产品和服务在国内外的市场需求。许多企业的投资、生产和市场营销最早都是从本国需求出发考虑的，满足国内需求是企业市场导向的基本初衷。如果某种产品的国内需求较大，就会促进国内竞争，产生规模经济。而且，如果国内消费者很挑剔，品位较高，就会有利于企业不断努力，以提高产品的质量、档次和服务水平，使之在世界市场上具有较强的竞争力，从而促进该产业的发展。

### （三）相关与支持性产业

由于社会分工的不断深化和迂回生产过程的不断延伸，产业之间的经济联系日益密切，任何一个产业都不可能脱离其他产业独立发展，波特式产业集群的发展必须有其他相关的和支持性的产业。相关产业间的分工或协作有利于形成一个外部经济和信息环境，竞争力强和联系紧密的上游产业往往是下游产业成功的关键因素。在很多产业集群中，各产业的潜在优势是由于它的相关产业和支持性产业具有竞争优势，相关产业的表现与能力，自然会带动上、下游的创新和国际化。因此，相关与支持性产业对农业产业集群发展有很大的影响。

### （四）企业战略，结构和竞争

某一产业中企业在企业战略、结构及竞争程度等方面的选择，如果与该产业的优势资源恰好相符合，则这项产业的竞争优势将得到最充分的体现。从企业的竞争环境来看，国内竞争的活跃程度与该产业竞争优势的创造和保持有很密切的联系。竞争可以促使企业提高质量，降低成本，投资于先进的设备，提高效率，进而加强国际竞争力。

### （五）辅助要素

生产要素条件、需求条件、相关产业和支持产业与企业战略、结构和竞争对手四个方面是产业集群发展的关键因素，而机会和政府影响对产业集群的作用是不确定的。

机会是一个很重要的要素，作为竞争条件之一的机会，一般与产业所处的国家环境无关，也并非企业内部的能力，甚至不是政府所能影响。我国农业产业集群发展离不开外部环境的影响。随着我国经济的快速增长和人民收入特别是城市居民的消费水平不断提高，对农产品品种和质量的要求也不断提高，市场需求的变化促进农业产业集群进一步发展和扩张。世界贸易组织的加入和农业产业化的推广使得我国农产品市场有较大的发展空间。

政府在创造和保持国家优势上扮演着重要角色，但它的效果却是片面的。一个产业如果缺少基本的、具有竞争优势的环境，政策再好也是枉然。政府并不能控制国家竞争优势。它所能做的就是通过微妙的、观念性的政策影响竞争优势。但是我国农业产业的国情使得政府对农业产业集群的发展具有了关键作用。

## 三、农业产业集群管理发展战略意义

我国农业产业集群还处于发育的低端状态,其核心竞争能力和成长性都明显不足。产业集群产业的产品差异化和关联性较差,低层次竞争激烈,缺乏有机的分工协作,从而造成集群资源配置不合理,运行效率低下。产业集群管理是产业集群内部成员旨在促进和改善创新过程的明确的联合行动。产业集群管理质量直接决定着产业分工的制度安排和利润获取的多少,决定着集群各利益主体的地位。产业集群管理的质量取决于管理效率,而管理效率又取决于集群管理机制和管理结构。因此,要提高农业产业集群的竞争力,促进集群的优化升级,必须确定农业产业集群的管理模式。以满足消费者需求变化、提升集群整体优势和各经济主体关联效益的供应链管理,有助于上述问题的解决,能够促进农业产业集群的优化升级,提升农业产业集群的竞争力。

### (一)满足消费者对农产品的要求,提高市场应变能力

#### 1. 消费者对农产品的要求

消费者会在个人偏好、产品既定性质、成本、食品健康、安全这几大要素之间进行选择,以使自身效用最大化。随着人们收入的增加,消费者对农产品消费需求出现了很大的变化,由于我国经济发展不平衡、收入差距的不平衡。消费者需求呈现如下特征:

(1)需求数量较稳定

从需求上看,农产品是生活必需品,属于生存资料,同时受到身体能量需求的限制,使得农产品需求弹性也很小,需求较稳定。农产品缺乏需求弹性,即价格变化所引起的农产品需求量的变化幅度较小。

(2)品种多样

由于我国城乡人民生活水平的差异,导致城乡间对农产品品种和质量要求呈多样化。徐金海将消费者对农产品的需求分为基本需求、期望需求、附加需求和潜在需求等层次。以食品为例,消费者的基本需求是解决温饱、保持健康;期望需求是符合卫生标准、品质稳定可靠、包装方便适用和价格适中偏低等;附加需求是灵活多样的品种选择、详尽细致的食用说明、热情周到的销售服务和知名度较高的品牌保证等;而潜在需求是产品知识、烹调技能和健康咨询等。目前,大部分农村居民对农产品的需求主要为基本需求,城市居民倾向于期望需求和附加需求。

(3)质量保证

随着我国城市和农村居民生活水平的提高,对健康越来越重视,相应地对农产品质量要求也日渐提高。与工业产品不同,农产品除了外观品质(如大小、颜色,新鲜度等)可

以直接观察到以外，有关营养品质与卫生品质的信息都不能直接获得。袁玉坤和冯忠泽的调查表明为了获得质量安全的农产品，城镇高端消费者倾向于选择到产品质量和信誉有保障的超市购买农产品。当前城市居民对生鲜农产品在包装化、超市化、加工化、生态化等方面的要求已呈上升态势，这预示着集贸市场等传统的农产品市场将逐渐萎缩，以销售各类加工食品的超市、便利店等各种零售店为主体的店铺经营会越来越普遍。

（4）供应及时

由于农产品为生存必需品，消费者需求稳定，尽管单个主体消费量不大，但是消费总量较大。又因为农产品的易腐性，通常消费者单次购买量不多，但是购买次数频繁。袁玉坤调查表明，选择农贸市场购买的消费者周均购买频次较为频繁，多表现为每天购买，而选择超市购买的消费者周均购买频次相对较少。并且随着消费者文化水平的提高，经常在农贸市场购买生鲜农产品的消费者比例逐渐降低，而经常选择超市购买生鲜农产品的消费者比例呈增长趋势。因此，农产品的及时供应是消费者购买时的重要考虑因素。

**2. 供应链管理可以使得农业产业集群满足消费者需求**

提升农业产业集群竞争力的一个表现方面就是其所提供的产品能够满足消费者需求，这是农业产业集群维持市场份额、开拓新市场的一个前提条件。因此，农业产业集群的产品生产和流通也需要以满足消费者需求为目标。农业产业集群的产品生产和流通是一个极其复杂的系统，但其中任一环节的缺位或者不当操作，都会对最终供消费者消费的农产品造成不利的影响，从而无法达到满足消费者需求这一目标。而供应链管理方法可以将"从田头到餐桌"之间的各个环节有机集成，通过供应链管理方法可以降低农产品在"从田头到餐桌"流通加工过程中的可控性的不确定性因素影响，从而提高农业产业集群供应链网络系统的运行效率，促进农业产业集群的优化升级，满足消费者需求。

## （二）提高农业产业集群整体利益，降低集群运行成本

### 1. 农业产业集群发展的整体利益

（1）减少集群企业/农户间内耗，竞争有序

由于我国农业产业集群的农户以分散小规模家庭经营为主要模式，加工企业数量较多，但规模较小，缺乏能够领导整个产业集群发展方向的龙头企业。大量"大而全""小而全"的企业存在于同一个集群，同类企业的恶性竞争难以避免，相互压价、低价竞争必然愈演愈烈。集群主体分散决策，盲目扩张，低价优势成了产业集群在与国内外市场竞争中唯一的核心竞争力。为了提升农业产业集群的竞争力，必须促进集群主体之间的有效合作，提高集群分工专业化程度，减少集群主体内耗，在集群内部形成良好的竞争合作环境。

(2) 降低集群运行成本，提高效率

由于集群内部没有形成有效的合作机制，产业集群主体的集聚并没有能够大幅降低集群主体之间的信息沟通和交易成本，因而集群效率低下。以较低的成本向消费者提供优质的产品是产业集群竞争优势的一个表现方面，农业产业集群必须能够从全局出发，整合集群资源，降低集群运行成本，提高集群运行的效率。

**2. 供应链管理可以提高农业产业集群的整体利益**

供应链管理的合作竞争理念就是把供应链网络看成一个完整的系统，每个成员企业是其子系统，各子系统之间相互信任，整合各企业的优势资源实现"强强联合"，从而开拓市场，组成动态联盟，使整个系统效益最大化，最终分享节约成本和创造的价值收益。供应链管理方法可以对农业产业集群进行全局性的合作规划，对各个成员的行动进行优化组合，避免恶性竞争造成资源的浪费和重复建设，促使集群主体相互合作，使得集群整体利益达到最佳利益点。

### （三）促进集群利益的合理分配，健全利益联结机制

**1. 农业产业集群主体诉求——提高自身利益**

集群主体之所以选择在某个集群中发展，主要目的是希望能够最大限度利用集群的资源以提高自身收益。一个产业集群的健康发展必须以各个集群主体利益提高为前提，如此才能够在集群内部形成稳定的竞争合作关系，引导整个产业集群的良性发展。反之，若利益在集群内部不能合理分配，则会挫伤利益受损主体的积极性，无法在集群内部形成"利益共享、风险共担"的利益共同体，则无法达到集群整体利益最大化和提升集群竞争力的目标。

**2. 供应链管理可以对集群利益进行合理分配**

农业产业集群利益联结机制的核心是如何科学、合理地调节农业产业集群中各利益主体之间的利益分配关系。科学合理的农业产业化利益联结机制，就要使各利益主体的经济利益得到充分的实现。运用供应链管理的协调机制能够健全利益联结机制，对集群主体形成有效激励，实现集群总利益的合理分配。

## 四、农业产业集群发展战略的确立

### （一）战略目标之间的关系

农业产业集群发展战略是为"解决我国农业产业进程中农业产业集群发展普遍存在的问题"提供指导方向和方法。为了提高我国农业产业集群的竞争力，必须整合农业产业集

群资源，协同集群主体行为，以较低的成本提供优质农产品满足消费者需求。图 3-1 表述了三个目标之间的关系，可以看出三个目标之间是相互依赖的，具有一致性。提供满足消费者需求的农产品是任何一个农业产业集群生存的前提条件，同时也是其他两个目标得以实现的基础，对集群整体利益最大化和集群主体利益最大化两个目标有促进作用。集群所获利益最大化是提高集群各个主体利益的潜在条件，也体现了集群所提供的农产品满足消费者需求的程度。集群各个主体利益的提高是维持集群网络稳定的前提条件，促进良性循环，维持集群健康发展，为消费者提供更加满意的产品或服务。同时，其中每一个目标的达成均会促进农业产业集群的优化，提升农业产业集群竞争力。

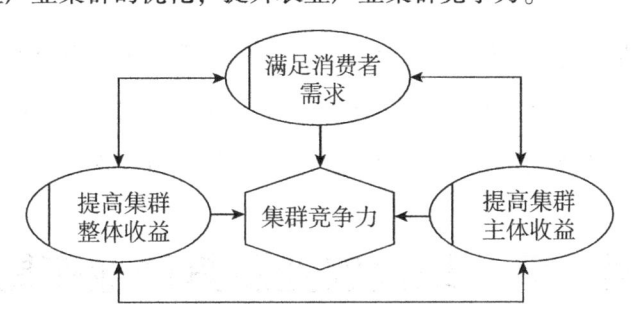

图 3-1 三个目标之间的关系

## （二）发展战略的确定

基于我国农业产业化和农业产业集群的发展现状，供应链管理方法是解决农业产业集群发展过程中存在问题的现实需要，选择供应链管理作为我国农业产业集群的集群治理方式是提升农业产业集群竞争力的现实需要。农业产业集群的发展战略表述如下：运用供应链管理方法整合农业产业集群的有效资源，协同集群主体行为，促进集群内部相关环节的紧密合作，积极与集群外部企业或其他集群建立供应链合作关系，降低集群供应链网络的运行成本，向消费者提供满意的农产品和服务。

# 第四章　现代农业循环经济及其发展规划

农业循环经济是指将循环经济理论和农业可持续发展思想运用到农业经济活动中去，以达到减少污染、保护环境、节约资源的目的。基于此，本章主要内容包括现代农业及其产业布局、农业循环经济理论与发展模式、农业循环经济的发展规划。

## 第一节　现代农业及其产业布局

### 一、现代农业及其产业体系

#### （一）现代农业

**1. 现代农业的内涵**

现代农业是一个动态的和历史的概念，它不是一个抽象的东西，而是一个具体的事物，它是农业发展史上的一个重要阶段。从发达国家的传统农业向现代农业转变的过程看，实现农业现代化的过程包括两个主要方面：一是农业生产的物质条件和技术的现代化，利用先进的科学技术和生产要素装备农业，实现农业生产机械化、电气化、信息化、生物化和化学化；二是农业组织管理的现代化，实现农业生产专业化、社会化、区域化和企业化。

现代农业的本质可概括为：现代农业是用现代工业装备的，用现代科学技术武装的，用现代组织管理方法来经营的社会化、商品化农业，是国民经济中具有较强竞争力的现代产业。现代农业是以保障农产品供给，增加农民收入，促进可持续发展为目标，以提高劳动生产率，资源产出率和商品率为途径，以现代科技和装备为支撑，在家庭经营基础上，在市场机制与政府调控的综合作用下，农工贸紧密衔接，产、加、销融为一体，多元化的产业形态和多功能的产业体系。

### 2. 现代农业的特征

（1）具备较高的综合生产率，包括较高的土地产出率和劳动生产率。农业成为一个有较高经济效益和市场竞争力的产业，这是衡量现代农业发展水平的最重要标志。

（2）农业成为高度商业化的产业。农业主要为市场而生产，具有很高的商品率，通过市场机制来配置资源。商业化是以市场体系为基础的，现代农业要求建立非常完善的市场体系，包括农产品现代流通体系。离开了发达的市场体系，就不可能有真正的现代农业。农业现代化水平较高的国家，农产品商品率一般都在90%以上，有的产业商品率可达到100%。

（3）实现农业生产物质条件的现代化。以比较完善的生产条件、基础设施和现代化的物质装备为基础，集约化、高效率地使用各种现代生产投入要素，包括水、电力、农膜、肥料、农药、良种、农业机械等物质投入和农业劳动力投入，从而达到提高农业生产率的目的。

（4）实现农业科学技术的现代化。广泛采用先进适用的农业科学技术、生物技术和生产模式，改善农产品的品质、降低生产成本，以适应市场对农产品需求优质化、多样化、标准化的发展趋势。现代农业的发展过程，实质上是先进科学技术在农业领域广泛应用的过程，是用现代科技改造传统农业的过程。

（5）实现管理方式的现代化。广泛采用先进的经营方式，管理技术和管理手段，从农业生产的产前、产中、产后形成比较完整的紧密联系、有机衔接的产业链条，具有很高的组织化程度。有相对稳定、高效的农产品销售和加工转化渠道，有高效率地把分散的农民组织起来的组织体系，有高效率的现代农业管理体系。

（6）实现农民素质的现代化。具有较高素质的农业经营管理人才和劳动力，是建设现代农业的前提条件，也是现代农业的突出特征。

（7）实现生产的规模化、专业化、区域化。通过实现农业生产经营的规模化、专业化、区域化，降低公共成本和外部成本，提高农业的效益和竞争力。

（8）建立与现代农业相适应的政府宏观调控机制。建立完善的农业支持保护体系，包括法律体系和政策体系。

## （二）现代农业产业体系

### 1. 现代农业产业体系的基本特征

（1）生产主体组织化。我国农民分散度较高，如何将数量众多的农民有计划、有组织地联系在一起进行大规模的生产，这是现代农业产业体系的特征之一。随着社会的高速发展，农业已经从原始的作坊式生产逐步走向了生产、加工、销售、服务等一体化的产业环节，这是与大市场相适应的。在这些环节中，都由农业专业的合作组织和协会来共同协调完成，一方面来应对激烈的市场竞争环境，另一方面来应对小生产与大市场之间的矛盾。

（2）生产手段科技化。在过去向农民推广新技术时，鉴于农民知识水平有限，其农业投入成本往往超过了增收部分，所以很难推广。而在现代农业发展过程中，只需一个专家将先进的农业科技（包括软件和硬件）给几十户甚至上百户农户示范清楚就可达到目的。所以，高效的农业生产才是现代农业建设的目的，而只有采用了科技含量高的技术手段，才能打造富有效率和竞争力的农业产业体系。

（3）产业经营一体化。现代农业产业生产重点围绕一种或几种产品的生产、加工、销售，是一体化的生产体系。现代农业产业体系通过不断地创新研究，使生产、加工、销售环节丝丝相扣，通过市场机制的构建，形成了一个高度专业化和社会化的有机整体。通过产业经营一体化的实现，使得农业部门和许多非农业部门搭建了良好的平台，实现了产业效益的内部化，增强了市场的竞争力，形成了完整的产业链条。目前，发达国家已经实现了产业经营的高度专业化和市场化，并且在实施过程中是通过相关的协会进行组织实施的，真正实现了产业经营的一体化。

（4）利益分配市场化。合理的利益分配机制是农业产业化健康运行的关键，而农业产业体系是一个多部门共同组成的复杂系统。在现实社会中，市场并不能很好地解决合理的利益分配机制。这就要求政府从全社会的整体利益出发，对农业产业化中的利益分配加以协调，以保证农业产业化的正常、稳定、协调的发展。在现代农业产业体系运行过程中，市场机制发挥了作用，将劳动生产者、产品加工者、商品销售者和提供服务者联结在一起，实现了产业整体利润，从而获取各自的平均利润。

（5）产业功能多元化。现代农业产业化体系是一个能满足人们食物、休闲等多种需求的可持续发展的体系。随着我国现代化步伐的不断加快，人民的生活水平也不断提高。人们对产品的选择和消费已不仅仅是满足吃饱、穿暖等这些基础要求，而变为要吃得有营养、绿色、健康、方便，穿得要舒适、美观等。新的需求不仅为农业产业发展创造了广阔的天空，也推进了农业产业由单一功能向多方面发展的转变。因此，农业产业发展不仅仅在人们的衣食住行上发挥了巨大作用，还承担着社会、文化等诸多方面的功能。

（6）要素配置高效化。现代农业产业体系通过市场机制，在产前、产中、产后各环节合理分配各种生产要素，有效地提高了资源产出率和投入要素的生产率，这是现代农业产业体系的基本特征之一。

### 2. 现代农业产业体系的关键要点

构建现代农业产业体系，应着力把握好以下四个关键：

（1）重视自然资源的利用。自然资源条件是现代农业建设的基础。例如，河北地域辽阔，平原、山区、坝上、海洋在该省都有分布，土地、植被类型多样，特色农产品种类繁多，具备发展名优特产的良好条件，也是现代农业发展的自然资源基础。要注重区域发展不平衡的特点，不违背客观规律，不搞强迫命令，因地制宜选择适合本区域资源特色和经济发展水平的现代农业发展之路。

（2）重视区域农业产业的布局。由于自身所具备的独特自然环境和自然资源，各区域在发展种植业、畜牧业、水产业、林果业等方面具有一定的比较优势，这些优势就是建设现代农业的基础。应打破区域界限，在更大的范围内实现农业资源的优化组合，提高各区域农业产业的整体素质和效益，发挥资源优势和区位优势，加强与周边地区的合作，建立合理的现代农业产业体系。

（3）重视农业生态功能的发挥。建设现代农业，必须树立多功能的大农业观念，在开发农业传统功能的同时，要充分体现生态文明建设的要求，实现经济效益、社会效益和生态效益的协调统一。把科学发展、节约资源、节本增效摆上突出位置，促进农业资源的有效开发和合理利用，保护农业生态环境，增强农业可持续发展能力，避免走发达国家先污染后治理的老路。

（4）重视农业产业链条的延伸。现代农业是农业生产、加工、销售、服务等诸多方面相互作用、相互衔接、相互支撑的，能够实现农业产前、产中和产后协调发展的有机整体。因此，必须按农业产业化发展的思路，大力发展各种产业化经营组织，特别是要加快农副产品加工业等关联产业的发展步伐，促进农副产品加工转化增值。

## 二、现代农业产业结构及其优化

农业产业结构，是指在一定区域（地区或农业企业）范围内，农业各生产部门及其各生产项目在整个农业生产中相对于一定时期、一定的自然条件和社会经济条件所构成的特有的、比较稳定的结合方式。简言之，农业产业结构就是指农业各产业部门和各部门内部的组成及其比例关系。它不仅要从投入和产出的角度反映农业系统中各组成部分之间在数量上的比例关系，而且还要从相互联系的角度反映各组成部分在整个系统中的主从地位、结合形式和相互作用。

### （一）农业产业结构的基本特征

#### 1. 动态性

农业产业结构虽然表现为一定空间范围内农业生产部门或生产项目之间的组合关系，但农业产业结构的形成受多种因素的制约，这些因素会随着时间的推移而变化。因此，农业产业结构也会随着时间的推移而发生变化，另外，农业产业结构也具有相对稳定性，因为制约农业产业结构的各种因素也是相对稳定的。这个特点要求我们在调整农业产业结构时要充分注意农业产业结构的稳定性与动态性的关系。

2. **多层次性**

农业产业结构可划分为若干层次，具体如下：

（1）它表现为农业内部农、林、牧、渔业的结构。这一层次的结构是农业的一级结构。

（2）在农业各业内部又包括产品性质和生产特点不同的生产项目，如种植业内部包括粮食作物、饲料作物、经济作物、其他作物等，这些生产项目的组合比例构成了农业的二级结构。

（3）经济作物又可以分为纤维作物、油料作物、糖料作物等，这些作物的组合比例构成了农业的三级结构。

3. **整体性**

结构是构成事物整体的各要素相互联系、相互作用的方式或秩序，尽管农业生产可以分解为许多层次和侧面，但作为结构它是一个有机整体。这就要求我们在安排农业产业结构时，要从系统的观念出发，使农业内部各部门、各项目之间的关系相互协调，从而发挥最大的整体功能。

4. **多样性**

农业产业结构根据其所包括的生产部门、生产项目的比例关系不同，可分为农牧结合型、农林结合型、农林牧结合型等类型。根据其生产部门、生产项目之间的结合形式的不同，又可分为以下两种：

（1）直接结合型。直接结合型指各生产部门、各生产项目之间，一方面存在着土地、劳力、资金等生产要素的相互调剂与支援关系，另一方面存在着相互供应物质和能量的直接结合关系（如种植业为畜牧业提供饲料，畜牧业为种植业提供肥料）。

（2）间接结合型。间接结合型指各生产部门、生产项目之间只存在着土地、劳动力、资金等生产要素的相互支援和调剂关系。不同的结构类型形成的条件不同，产生的效益也不同。

（二）农业产业结构的影响要素

农业产业结构的形成既受自然规律的制约，也受经济规律的制约。在一定时空范围内，农业产业结构的影响要素主要有以下方面：

1. **自然资源条件**

农业以自然再生产为基础，所以，农业生产与自然条件的关系极其密切。①农业生产的对象是有生命的动植物,而各种动植物都有各自的生长发育规律,都需要与之相适应的自然资源条件,如土壤、水源、气候等;②同地区的自然资源差异很大,由于自然资源具有区域性的特点,与之相适应,不同地区的农业产业结构会表现出不同的特点。

### 2. 社会需求

农产品是用以满足人们生活需求而生产的,这一特性决定了人口的数量、年龄构成、消费习惯等因素对农业产业结构产生着深刻的影响。农业生产必须以市场需求为导向,按市场需求来安排生产,这样才能使农产品顺利地通过流通进入消费领域,从而实现农产品的价值。人们对农产品需求的多样性决定了农业生产内容和产品的多样性,从而形成了一定的农业产业结构。

### 3. 生产力发展水平

生产力是人们利用自然和控制自然的能力,生产力水平越高,人们对自然资源的利用能力就越强;生产力发展水平还影响着社会消费及需求。在影响农业产业结构的众多因素中,决定因素是生产力发展水平,在生产力水平低下的阶段,农业生产只能是被动地适应自然;生产力水平较高的阶段,农业生产则可以积极地利用和改造自然。另外,在生产力水平较低的阶段,有限的资源往往首先用于满足人们生存的需要,在农业产业结构上往往表现出以粮食生产为主的局面,随着生产力水平的提高,农业生产就能满足人们多样化的需求,农业产业结构也会发生相应的变化。

### 4. 体制与政策的影响

经济体制不同,对资源的配置方式就不同,农业产业结构也会受到影响。在计划经济体制下,农业生产单位没有生产经营自主权,在农业产业结构上往往表现为既不能适应社会需求,又不能充分发挥本地区、本单位的资源优势。在市场经济体制下,农业生产以市场为导向,农业产业结构往往能发挥本地区本单位的资源优势,并适应市场需求的变化。另外,宏观政策也对农业产业结构有着巨大的影响,在同样的经济体制下,政府的政策导向不同,农业产业结构也会表现出不同的特点。

## (三) 农业产业结构的变化趋势

决定农业产业结构的各种影响因素会随着时间的推移而发生变化,因而农业产业结构也会相应地发生变化。一般来说,农业产业结构具有如下变化趋势:

### 1. 粮食生产的基础性地位得到保护

在所有的农业生产中,粮食生产始终处于优先发展的地位。

首先,粮食是人们最基本的生活资料,农业产业结构的安排总是在满足了粮食的需求之后，如果还有多余的农耕土地、劳动力等生产资料，才可以用来发展粮食以外的其他农产品生产。

其次，畜牧业及渔业生产的发展必须建立在粮食及饲料生产的基础之上。

最后，粮食是战略物资，粮食生产的安全关系到整个国家和社会的稳定。因此，在粮食生产在农业中的比较效益不断下降、在种植业中的比重不断下降的情况下，很多国家都对粮食生产采取了保护性政策措施，如价格保护、农业投入要素补贴、进口限制等。

#### 2. 畜牧业所占比重逐步增大

从发达国家农业生产发展历程来看，畜牧业在农业中所占的比重越来越大，其发展速度也大大超过了种植业。同时，在畜牧业中，提供低脂肪、高蛋白畜产品的畜牧生产比重日益增加。这一趋势说明，随着社会整体收入水平的提高，人民消费水平也逐步提高，对食品的需求结构发生变化，已经从单一的依靠粮食转变为粮食加菜肉蛋奶等比较合理的饮食结构。

#### 3. 种植业中饲料生产所占比重逐步增大

随着人们的食品需求从低级向高级转换，畜牧业得以较快地发展，进而导致对饲料需求的增长，种植业生产的粮食越来越多地被用作饲料，饲料作物的栽培随之迅速增加。种植业由原来的"粮食作物+经济作物"二元结构逐步转变为"粮食作物+经济作物+饲料作物"的三元结构。

#### 4. 种植业中经济作物所占比重逐步增大

随着社会经济的发展，工业对棉花、天然橡胶、糖料、中药材等原料性经济作物的需求逐步增加；城乡居民对蔬菜、水果、花卉等消费性经济作物的需求也在增加。而种植经济作物的经济效益一般好于粮食作物，这使得经济作物在种植业中所占的比重逐步增大。

#### 5. 林业受国家的特别支持与保护

在整个生态系统中，森林是地球表面陆地生态系统的主体。森林生态系统具有涵养水源、调节气候、防风固沙、保持水土、固碳放氧、净化大气等多种生态功能。森林除了具有经济功能，还是人们休闲和旅游的重要去处，因而衍生出许多社会文化功能。森林的生态功能和社会文化功能是林业生产的溢出效益，很多国家对林业生产进行支持和保护，以稳定和提高森林覆盖率，使森林所有者和经营者的行为符合社会和生态发展的需要。

### （四）农业产业结构的判断与评价

#### 1. 农业产业结构的判断标准

农业产业结构合理化是指通过对农业产业结构的调整，使一个国家或地区的农业资源得到最合理的配置,从而使农业生产取得最好的效益。农业产业结构是否合理是一个相对的和发展的概念,呈现出地域上的差异性和时间上的动态性。所谓相对,是从空间上来说的,即相对于一个国家或地区的自然、经济、社会条件而言,农业产业结构是否合理;所谓发展,是从时间上来讲,相对于一定历史时期的生产力水平而言,农业产业结构是否合理。在一定的时空条件下判断农业产业结构是否合理,可以从以下方面进行分析:

(1) 农业生产资源的利用情况。农业生产结构是否合理要看其对农业生产资源的利用是否合理。农业生产资源范围很广,主要包括自然资源和社会经济资源两大类。具体包括劳动力资源、资金、技术资源、土地资源、水资源、光热资源、气候资源等。农业生产资源能否得到合理利用决定了农业生产的综合效益,也决定了农业是否可持续发展。一个国家或地区的农业自然资源是多种多样的,但又都是有限的。同时,这些不同的自然资源所适应的农业生产部门和项目是不同的。

因此,农业产业结构必须同本国或本地区的资源禀赋相适应,这样才能使自然资源得到充分利用,并发挥区域资源优势。充分利用现有的农业生产资源是提高农业生产效益的关键途径,以土地资源为例,不同农作物对土地的使用时间有差异,使用空间也不尽相同,所以,为了充分利用土地资源,必须合理安排农业生产项目,做到农业项目错时实施,空间上高低搭配。相对于其他物质生产部门,农业生产对自然资源的依赖性更大,农业社会经济资源能否充分有效利用则与农业产业结构密切相关。

(2) 各部门应协调发展。合理的农业产业结构应该是各部门密切配合、相互促进、相互补充、协调发展。例如,林业的发展不仅能提供木材和其他林产品,而且还可以保护和改善农牧渔业的生态环境;种植业提供的各种饲料是发展畜牧业的物质基础;畜牧业的发展又为种植业提供有机肥料和畜力,并能充分利用种植业的各种副产品等。农业产业结构必须能适应和促进这种关系,从而提高农业生产的社会效益和经济效益。

(3) 满足市场对农产品的需要。农产品对市场的满足程度是检验农业产业结构是否合理的重要标准。其合理性可以通过一些指标加以评价,这些指标主要包括农产品人均占有量、农产品商品率、农产品人均消费水平等。随着人民生活水平的提高,对农产品的需求结构也会发生变化,这就需要对农业产业结构进行调整。农业产业结构的调整优化除了要结合本地区的市场需求结构进行安排之外,对于外向型的农业结构,还要考虑其他区域乃至国外市场需求状况进行综合安排。

(4) 经济效益比较高。合理的农业产业结构应表现出较高的经济效益,即以最少的投入获得最多的产出,因此,合理的农业产业结构必须是一个高产、优质、低耗的农业生产系统,必须满足社会对农产品的需要,能充分利用社会经济资源,增加农业经营者收入。

(5) 保护及改善生态环境。合理的农业产业结构应能保持生态平衡,使生态系统良性循环，改善生态环境，提高人们的生活质量。减少使用农药等具有毒性的农用物资，杜绝使用国家明令禁止的农用物质，建立生态平衡，减少人们对生态环境的破坏。

### 2. 农业产业结构的评价指标

农业产业结构是否合理可以借助一系列指标来评价。通常使用的指标主要如下：

（1）价值量结构。价值量结构也称为产值结构，它是以货币形式表现的农业生产成果中各产业（部门）或各类产品所占的比重，可用来衡量和评价横向结构中第一、第二层次的结构和纵向的农业产业结构。

（2）土地利用结构。土地利用结构是指耕地、林地、牧场草地、养殖水面等各类农业用地占农业用地总面积的比重。在分析种植业内部结构时，往往用各类作物的播种面积占总播种面积的比重来反映。

（3）农业劳动力利用结构。农业劳动力利用结构，是指各业或各项目所占用的劳动力数量（或劳动时间）占农业劳动力总数（或总劳动时间）的比重。

（4）农业资金利用结构。农业资金利用结构，是指各业或各项目所占用的资金在农业资金占用总量中的比重。

上述第一项指标是从产出角度来分析农业产业结构的，后三项指标则是从资源配置或生产要素占用状况来分析农业产业结构的。当然，这些都是基本指标，实际运用中可根据具体情况选择其他指标。

## （五）农业产业结构的调整优化

### 1. 农业产业结构调整优化的必要性

农业产业结构调整，就是对农业发展的各种资源进行权衡、改造和利用的过程，其目的就是对资源和生产要素进行优化配置，提高农业生产率，满足人们对食物的需求，实现农业增效、农民增收和农业可持续发展的过程。我国的农业产业结构比改革开放初期已经有了较大的改善，但目前仍要继续优化。总体上说，其必要性具体表现在以下方面：

（1）调整优化农业产业结构是现阶段农业生产发展的客观要求。随着农业生产力水平的提高，农产品供应量逐年增加，农产品供求关系已经从卖方市场转变为买方市场，而农村地区农产品同质化现象严重，互相争夺市场，造成价格下降，农民收益降低；同时，随着城乡居民生活由温饱向小康迈进，农产品消费结构发生了很大变化，农产品需求日益多样化。面对这种市场需求的变化，迫切要求农业生产从满足人民的基本生活需求向适应优质化、多样化的消费需求转变，从追求数量为主向数量、质量并重转变。

（2）调整优化农业产业结构是提高农产品市场竞争力的根本途径。随着经济全球化进程的加快，农业和农村经济面临更为激烈的市场竞争。因此，只有通过农村产业结构的战略性调整，进一步优化资源配置，充分发挥比较优势，才能把资源优势变为产品优势，增强我国农业在国际市场的竞争力。

（3）调整优化农业产业结构是增加农业经营者收入的有效途径。从目前看，由于供求关系的变化，依靠增加农产品数量或提高农产品价格来增加农业收入的潜力已经不大。而调整优化农业产业结构，提高农产品质量和档次，发展名特优新产品，一方面可适应市场优质化、多样化的需求，另一方面可以提高农业的经济效益，增加农业经营者收入。

（4）调整优化农业产业结构是合理开发利用农业资源的重要手段。人多地少是我国的基本国情。通过调整优化农业产业结构，充分发挥区域比较优势，挖掘资源利用的潜力，实现资源的合理配置，提高资源开发利用的广度和深度，就可以做到资源的有效利用与合理保护相结合，促进农业生产的可持续发展。

**2. 农业产业结构调整优化的基本原则**

调整优化农业产业结构是一项复杂的系统工程，必须统筹规划，科学安排。由于各地的条件不同，农业产业结构不可能有一个统一的模式。一般来说，农业产业结构的优化必须遵循以下基本原则：

（1）以市场为导向。要根据市场需求及变化趋势调整优化农业产业结构，满足社会对农产品多样化和优质化的需求。调整优化农业产业结构不能局限于本地市场，而要面向全国，面向世界，适应国内外市场需求。不仅要瞄准农产品的现实需要，还要研究未来的市场需求发展趋势，以便在未来的市场变化中抢占先机。政府有关部门要加强对市场变化趋势的研究，逐步完善农产品市场体系和农产品流通体制，建立反应灵敏的信息网络，向农业经营者提供及时准确的市场信息，为调整优化农业产业结构创造良好的市场环境。

（2）依靠科技进步。调整优化农业产业结构要充分依靠科技进步。要抓住改造传统产品和开发新产品两个重点，通过高新技术的应用、劳动者素质的提高，推进农业产业结构调整优化。当前，世界农业正在孕育着以生物技术、信息技术为主要标志的新的农业科技革命，我们要抓住机遇，加快农业科技创新体系建设，促进农业产业结构调整优化和升级。

（3）发挥区域比较优势。随着我国社会主义市场经济体制的建立和经济全球化的发展，进一步扩大农业区域分工，实行优势互补，是降低农产品生产成本、提高市场竞争力的必然要求。调整优化农业产业结构，要在发挥区域比较优势的基础上，逐步发展不同类型的农产品专业生产区。每个地区要以资源为基础，因地制宜，发挥本地资源、经济、市场、技术等方面的优势，发展具有本地特色的优势农产品，逐步形成具有区域特色的农业主导产品和支柱产业，全面提高农业经济效益。

（4）稳定提高农业综合生产力。要严格保护耕地、林地、草地和水资源，防治水土流失，在不适宜耕作的地区实行退耕还林、还草、还湖，保护农业生态环境，实现可持续发展。继续大力开展农田水利等农业基础设施建设，加大农业科技研发和推广力度，通过提高农业综合生产能力来加快优势农产品生产的发展。

(5) 用经济手段调控和引导。要正确处理政府引导和发挥市场机制作用之间的关系。政府要根据市场供求变化，调整产业政策，运用价格、税收、信贷等经济杠杆，适时进行宏观调控，实现总量平衡。同时，要做好市场预测、技术辅导等服务，引导和支持农业产业结构调整。总之，政府在结构调整中主要起引导作用，切忌采用行政命令强迫农业经营者安排农业项目。

### 3. 农业产业结构调整优化的主要方向

我国农产品的供求关系已从过去的总量短缺变为供求总体平衡，而结构性供求矛盾开始突出，一些品种供过于求与另一些品种供不应求同时存在，农业发展的制约因素已经由过去单一的资源约束变成资源和市场的双重约束。在这种背景下，农业产业结构的调整不仅要考虑各种农产品的数量平衡，而且要注意农产品的质量提升，更要努力实现农业的可持续发展。

(1) 农业产业关系的优化。优化农业生产中种植业、林业、牧业和渔业之间关系的基本思路是：提高种植业和林牧渔业之间的多层次综合利用水平，提高农业资源的利用效率；继续发展种植业，使其与国民经济发展要求相适应；加快畜牧业发展，为社会提供丰富的肉、奶等畜产品；充分利用我国丰富的山地和水域资源发展林业和渔业。

(2) 种植业结构的调整。种植业结构调整的战略方向是：在稳定粮食生产的前提下，大力发展经济作物生产。粮食是国民经济基础的基础，关系社会稳定，特别对拥有14亿人口的中国来说尤为重要。因此，在调整农业产业结构的过程中，必须高度重视粮食生产，保持粮食生产基本稳定，坚决防止忽视粮食生产的倾向；同时，要在确保粮食安全的前提下，扩大经济作物的生产。在粮食生产中，按照人口和畜牧业发展的需要，使口粮和饲料粮相分离；要提高口粮的品质和专用化程度；经济作物进一步向专业化、品牌化、产业化的方向发展。

(3) 林业产业结构的调整。林业是培育、保护和利用森林的生产部门。林业生产不仅生产周期长，而且具有很强的外部效益，因此，必须重视发展林业生产，优化林业结构。林业结构调整的战略方向是：继续大力发展植树造林运动，提高森林覆盖率；优化营林结构，重视经济林、薪炭林、防护林的营造与发展；建立合理的采、育结构，切实保护好林业资源；在继续重视林木产品生产和发展速生丰产林的同时，加强对各种林副产品的综合利用，提高林业资源的多层次利用水平，提高林业生产的经济效益。

(4) 畜牧业结构的调整。随着人民生活水平的提高，相对于粮食来说，人们对畜产品将会有更大的需求，因而畜牧业将有更大的发展空间。畜牧业结构调整的战略方向是：大力发展耗粮少、饲料转化率高的畜禽产品生产，特别是增加秸秆和草料转化利用率高的牛、羊、兔、鹅等品种，大幅度提高食草性动物的产品产量；适应中国居民的肉类消费特点和需求变化，稳定发展传统的猪、鸡、鸭等肉类和禽蛋生产，加快品种改良速度，重点发展优质猪肉和禽肉生产，提高优质产品所占的比重；根据区域资源特点，建立不同类型的畜牧业专业化生产区；大力发展饲料加工业和后向畜产品加工业，推进畜牧业的产业化经营，实现畜产品的多次转化增值，提高畜牧业的综合效益。

（5）渔业结构的调整。渔业是利用水域进行捕捞和养殖的产业，主要产品是鱼类、虾蟹类、贝类和藻类。改革开放以来，我国渔业生产获得了快速发展，但渔业结构不尽合理，因此，需要调整优化。我国渔业结构调整的战略方向是：保护和合理开发利用滩涂、水面等宜渔资源，加速品种更新换代，发展名特优新品种养殖，重点发展高效生态型水产养殖业，积极发展高科技工厂化养殖，因地制宜地发展水库和稻田养殖；稳定近海捕捞，加强保护近海渔业资源，完善休渔制度，严格控制捕捞强度，减少捕捞量；大力发展远洋渔业，不断扩大国外作业海域，加强国际渔业合作；大力发展水产品的精加工、深加工和综合利用，重点抓好大宗水产品的保质和低值水产品的深加工，提高水产品质量和附加值。

（6）农产品品种结构的优化。在过去农产品供给数量不足的背景下，农业生产只能将追求数量的增长放在最重要的位置。目前，我国主要农产品供求中的数量矛盾已基本解决，这就使我国农业有条件在稳定提高生产能力的基础上，将优化品种、提高质量放到突出的位置来考虑。目前，我国的农产品将参与世界范围的市场竞争，提高农产品质量已成为当务之急。因此，不论是种植业，还是林牧渔业，都必须根据市场需求的变化，压缩不适销的品种，扩大优质品种的生产；通过品种改良和新品种开发，加速品种的更新换代，努力提高农产品的质量。

**4. 农业产业结构调整优化的实施策略**

根据农业产业结构的变化规律，以及改革开放以来我国农业产业结构调整的经验，要进一步调整优化我国的农业产业结构，必须采取以下的措施：

（1）加大资金投入，完善基础设施建设。不断加大农业基础设施建设的投资力度，增强农业抵御自然灾害的能力，搞好水利、土地整理为重点的农业基础设施建设力度，加大以交通、供水、供电、通信为重点的农业生产生活设施建设，全面提高农业基础设施条件。

（2）加大对龙头企业的扶持力度，大力推进农业产业化经营。实践证明，农业产业化经营是调整优化农业产业结构的重要途径。通过农业产业化经营，处于无序状态的农业经营者实现了与市场的对接。因此，要继续大力推进农业产业化经营，进而带动农业产业结构的调整优化。推进农业产业化经营的一个重要环节是壮大龙头企业。政府要加大对龙头企业的扶持力度，为龙头企业创造良好的发展环境。要加快对现有农产品加工企业和流通企业的技术改造，鼓励采用新技术和先进工艺，提高加工能力和产品档次。要加大对现有农副产品加工业和流通业的改组改造，把有市场、有效益的加工企业和流通企业，改造成为龙头企业；鼓励投资主体多元化，广泛吸引各类合作经济组织、社会民间资本和国外资本参与龙头企业建设；鼓励龙头企业到主产区建立生产基地，带动农业经营者调整生产结构。

（3）大力发展优质高产、高效生态农业和特色农业。农业结构调整工作必须因地制宜、扬长避短，结合本地实际情况，培植本地的特色产品和优势产业，大力发展优质高产、高效生态农业和特色农业。要立足资源优势，选择具有地域特色和市场前景的品种作为开发重点，尽快形成有竞争力的产业体系。建设特色农业标准化示范基地，筛选、繁育优良品种，把传统生产方式与现代技术结合起来，提升特色农产品的品质和生产水平。加大对特色农产品的保护力度，加快推行原产地等标志制度。整合特色农产品品牌，支持做大做强名牌产品。

（4）加强农业科技创新，为农业产业结构调整提供技术支撑。适应农业产业结构调整的要求，重新确立农业科技研发的重点。农业科技研发重点要从主要追求增产技术转向追求优质高效技术，从以粮、棉、油、糖、畜禽等大宗农产品生产技术为主转到大宗农产品生产技术与特色农产品生产技术并重，从生产技术领域拓展到产后加工、保鲜、储运等领域。抓住关键技术实行科技攻关。重点要围绕高科技育种技术、节水农业技术、病虫害综合防治技术、生态农业技术、绿色无公害生产技术、工业化生产技术、标准化生产技术以及农产品精深加工技术、农产品保鲜储运技术、农产品质量检测和动植物检疫技术进行科技攻关。加强农技推广体系建设，加快农业科技成果应用步伐。当前，主要是为农业经营者及时提供农业产业结构调整所需要的种子、苗木、种畜禽、菌种等，并为农业经营者解决农产品加工、储运、销售过程中的技术问题。

（5）加强对农民的培训，提高农民科技水平。要加强宣传教育，营造良好的培训学习氛围，积极引导和教育农民解放思想、转变观念，提高科学技术水平和意识。建立以政府投入为主、多方筹集的多元化投入机制，鼓励民营企业、农业龙头企业和个人捐资参与农民培训工作，解决农民科技培训经费不足问题。

## 三、现代农业生产布局及其实现

现代农业生产布局是农业生产发展的地域表现形式，是指不同地域的农业生产各部门及其各个生产门类、生产项目的地域分布以及不同地域的农业生产各部门及其各个生产门类、生产项目在一定地域范围内的组合，亦称农业配置。

现代农业生产布局是在一定的社会生产力水平和自然、技术、经济、社会等多种要素的综合影响下形成的。所以，在不同的历史时期、不同的社会经济条件下，农业生产布局有很大的差异，体现出不同的功能和特征。在传统社会，农业生产布局表现为分散性和自给自足的特点；在资本主义社会，繁荣的市场、发达的社会生产力、生产资料私有制决定了农业生产布局的市场化和趋利性，表现为市场的自由竞争和生产的无政府状态，大资本家实行垄断生产、经营，攫取高额利润，使得农产品供求极度不平衡，资源浪费严重；在社会主义制度下，实行国家计划和市场调节相结合，从国民经济发展的全局出发，因地制宜地进行农业生产的合理配置，在提高整体效益的基础上，实现农业产业的地域分工，使我国农业生产逐步实现区域化布局、专业化生产、规模化经营、产业化运行，进而提升我国农业的现代化水平。

## （一）农业生产布局的特征

第一，农业生产布局的社会性特征。农业生产布局在不同的社会制度下，表现为不同的形态，发挥着不同的作用，不同的利益主体和消费群体对农业生产布局有很大的影响，因而，一个国家、地区的农业生产布局往往具有显著的社会性特征。

第二，农业生产布局的时代性特征。农业生产布局受社会生产力水平的影响，农产品的供给和需求出现阶段性不平衡使其在同一社会制度的不同时期体现出不同的特点，只有不断地进行调整优化，才能使农业的布局结构符合时代发展的要求。

第三，农业生产布局的科学性特征。农业是依赖自然生态环境条件发展起来的为人们提供基本生活资料的物质生产部门，农业生产对自然资源要素具有高度的依赖性，因此，农业生产的每一步都要符合自然规律，都要适应动植物的生长特征。所以，农业生产布局必须遵循客观规律，在对生产条件进行充分调研的基础上，利用科学方法进行合理布局，方能发挥农业的区域优势，达到预期的目的。

第四，农业生产布局的效益性特征。农业生产的过程实质上是投入产出的转换过程，其根本目的是满足人们对农产品的多样化需求。这一过程充分体现了农业生产的效益性，没有效益就没有积累，农业再生产就不能维持，也就谈不上发展。而农业作为国民经济的基础产业，其效益不仅体现在经济效益上，同时还体现在社会效益和生态效益上，只有三者很好地结合，才能实现农业的可持续发展，农业生产才能实现环境友好、资源节约、高效合理。

## （二）农业生产布局的原则

农业生产布局受多种因素的综合影响，农业生产的特殊性决定了它不能脱离自然区位优势，不能背离其他产业而孤立存在，必须以国民经济发展的整体布局和区域特色优势的充分发挥为基本原则，结合社会需求和农业产业结构的换代升级进行科学决策和合理配置。根据我国长期农业生产布局调整的经验，农业生产布局应遵循以下基本原则：

### 1. 坚持生态平衡原则

农业生产以良好的生态环境为自然基础，而合理的农业生产布局又有利于生态环境的改善。所以，在农业生产布局时，必须强调生态平衡，环境改良；避免"掠夺式"开发和经营，遵循客观规律、因地制宜，做到建设和保护相结合，形成良性的生态循环系统，以实现农业生产布局的持续稳定增效。

### 2. 粮食布局均衡原则

我国是一个有着14亿人的人口大国，粮食是人们赖以生存的基本生活资料，因此，必须把粮食生产的合理布局置于重要地位。相对均衡地安排粮食生产，可以避免远距离运输，就地解决粮食问题，所以，除了国家建立规模较大的商品粮基地外，各省也应建立本地区的粮食基地。经济作物对自然条件的要求比较严格，商品性强，适当集中对其生产、运输、加工都有利。通过优化区域布局，把特色优势农产品做大、做强，不但可提高农产品的质量和商品价值，而且形成规模化生产后，能够带动农产品加工、贮藏、运输等相关产业的发展。

### 3. 市场需求与地区优势相结合原则

我国地域辽阔，各地区的土地、气候、生产技术以及劳动力资源等的资源禀赋差异很大。农业生产必须以市场为导向，要结合本地的资源情况，发展那些既能符合市场需求，又能充分利用当地的资源能力的农业产业。市场需求和发挥地区优势二者有时会发生冲突，因为经常会出现国民经济、国防建设和人民生活对农产品的需求与当地的优势条件不相符合的情况，但最终还是要按国民经济的发展要求与自然条件、社会经济状况相适应的原则进行农业生产布局。

### 4. 农业布局与其他产业布局相适应原则

（1）农业生产布局要适应工业布局的需要。我国最终要实现由农业大国向工业大国的转变。农业生产是工业生产的基础，为工业生产提供原材料、能源动力等，所以，农业的发展要考虑到工业的布局情况。比如，食品加工业密布的地区，就可以有计划地在工业区周边布局粮食生产。

（2）工业布局也要适应农业布局的需要，特别是以农产品为原料的加工业。有些农作物对自然条件的要求比较严格，不适宜长距离运输。有些农产品加工后再运到消费地可以节省大量运输费用，就近布局深加工企业就很有必要。

(3) 农业生产布局还必须与交通运输业相适应，否则会影响农产品的正常流通。

**5. 专业化生产与综合经营相融合原则**

我国农业生产目前仍以家庭承包为主，农业生产较为分散，科学技术的普及应用不广泛，这些因素制约了农业的专业化生产水平。目前，农村地区需要把专业化生产同综合经营结合起来，即农业生产的农、林、牧、渔各部门，粮、棉、油、麻等各种作物，应根据各地区的客观条件和社会需要，实行一业为主和综合发展相融合，按照一定的比例关系协调发展，使不同地区组成不同类型的农业生产结构体系。这样，既可充分利用各地区的自然资源条件，使农业劳动力和生产资料得到合理利用，又可使作为农业生产的基本生产资料的土地资源得到充分利用，做到用养结合；同时，可改善农业资金投资分布状况，避免由于投资项目过于集中而造成的某一农产品受灾而大幅亏损的情况。

## （三）农业生产布局的实现

第一，重视农业与其他产业的协调与配合。从国家和地区战略层面来看，农业是其他产业发展的基础，必须从宏观层面对农业、第二产业、第三产业等做好合理布局，以提高资源利用率，增加各产业的经济和社会效益。

第二，不放松粮食生产，积极发展多种经营。我国人口众多，在国民经济发展全局中，粮食始终被视为特殊商品和战略物资。随着人口增长以及人民生活水平提高，我国的粮食需求总量将保持刚性增长趋势，未来粮食供给的压力会越来越大。在调整农业的布局结构时，应特别注意粮食的安全生产与供应，建设好商品粮基地。同时，应积极开展多种经营，以建立合理的农业产业结构和良好的生态系统，推动农林牧渔各业持续协调发展。

第三，促进农业的地域分工和专业化生产。根据我国实际情况，按照因地制宜、适当集中原则，有计划地按地域建立一批农产品商品基地和优势农产品产业带，提高农业生产的专业化水平，既有利于迅速扩大商品农产品生产，保证社会需求，也有利于充分利用资源，发挥区位优势，提高经济效益。农业生产的区域专业化，是农业合理布局的表现，专业化的发展过程，也是农业布局合理化的过程。农业的专业化生产是农业生产布局演变的必然趋势，专业化水平的提高必将导致农业布局的变化。

第四，强化市场导向，发展适销对路的农业生产项目。社会经济联系的整体性决定了农业生产布局不能仅从农业部门发展出发，还必须考虑一定时期市场需求，特别是一定时期城市需求，即非农业需求。农业生产布局要坚持农、工、商一体化思想以及城乡一体化思想，以城市和市场为中心成为市场经济条件下农业生产布局的鲜明特点。

第五，重视农业科学技术研发，强化科技支撑。当前，科学技术在世界农业领域得到了广泛应用，新的农业科技革命正在蓬勃兴起。主要体现在三个方面：①以"全球卫星定位系统"为代表的高科技设备应用于农业生产,这将大大提高农业的生产水平;②树立"互联网+"思维,借助互联网电子商务平台可以优化农产品产、供、销网络布局提高农产品流通效率;③以基因工程为核心的现代生物技术应用于农业领域,将培育出更多产量更高、质量更优、适应性更强的新品种,使农业的生产布局突破原有自然资源条件约束,越来越多地受到人类的直接控制。

## 第二节 农业循环经济理论与发展模式

### 一、农业循环经济的理论阐释

"现阶段,发展农业循环经济是转变农业发展方式,推进农业供给侧改革,实现农民脱贫致富的必然选择。"[①] 农业循环经济倡导农业经济系统与生态环境系统的协调发展,遵循"减量化(reduce)、再利用(reuse)、再循环(recycle)"(3R)的行动原则,在农业生产活动中应用生态学、循环经济的理念,将生态、循环农业建设和农业生产中,从而突破传统的农业经济发展模式,找到农业发展的新思路。

#### (一)农业循环经济的内涵阐释

农业循环经济是在自然生态系统的客观规律的前提下,以可持续发展为指导思想,在自然资源和环境容量的基础上,从事农业生产经营,加强环境保护与和谐的发展,实现向生态农业经济活动的变化。结合循环经济的概念和农业生产的特点,将农业循环经济内涵界定如下:

通过农业技术创新,以绿色 GDP 核算体系和可持续协调发展评估体系为导向,实现物质的多级循环利用和产业活动对环境的有害因子最小排放或最小干扰。

通过建立农业经济增长与生态系统环境质量改善的动态均衡机制,将农业经济活动与生态系统的各种资源要素视为一个密不可分的整体,最终走出一条科技含量高、资源消耗低、经济效益好、环境污染少、人力资源优势得到充分发挥之路,真正实现经济效益、社会效益和环境效益协调统一的新型农业可持续发展模式。

农业循环经济的实质就是要以环境友好的方式利用自然资源和环境容量,实现农业经济活动转向生态化。这不仅要求农业、工业和三产形成基于全社会的大循环,更需要组织

---

① 阴玥,徐衍. 可持续发展背景下农业循环经济发展模式优化研究[J]. 农业经济,2022(8):12.

农业产业链经济活动成为"自然资源—产品或产成品—废弃物—再生资源"的闭环式流程。在这个不断进行的循环中,所有的投入品和能源都能得到最合理的利用,从而使农业相关产业经济活动对自然环境的有害影响降低到最低程度。

### (二)农业循环经济的特征表现

农业循环经济作为循环经济有其一般特征,它是对资源经济发展模式的一次改革。农业循环经济有其特有的特征,主要表现如下:

第一,人与自然的协调性。农业循环经济理论认为人是自然的一部分,人们从事的农业生产经营活动应该以人与自然的和谐共存作为最高准则。人们必须在以遵循自然生态规律为前提下,改造自然来不断提高农业生产率,在保护中进行资源的有序开发利用,绝不能为了获得农业经济的短暂发展而以牺牲资源和环境为代价。

第二,农业发展的持续性。农业循环经济强调要重视保护和合理开发利用农业赖以生存和发展的自然资源,如水资源、土地资源、物种资源、森林资源等,适度使用环境友好的"绿色"农用化学品,不断改善农业生产技术和农业生态环境,力求使农业资源保持在一个相对稳定的水平,防治污染,维护农业生态平衡,提高农产品的安全性,实施农业清洁生产,将农业常规发展模式转变为持续发展模式,实现环境污染最小化,不断提高农业生态系统的稳定性和持续性。

第三,系统功能的综合性。农业循环经济按"3R"原则对农业进行全面规划,以大农业为出发点,强调发挥农业生态系统的整体功能,不断调整和优化农业产业结构,综合协调发展农村"一、二、三产业",以增加和扩展农业生态产业链为有效方式,形成以农业为主导的区域产业集群,优化升级产业集群区域内部产业结构,将此打造成为农业生态产业链中的主导链,并以此为基础将其他类别的产业与之相连接,形成协同发展的农业生态产业网络系统。

第四,资源利用的高效性。农业循环经济利用高新技术优化农业系统结构,在资源节约与集约利用的前提条件下注重改善农业生产环境和保护农田生物多样性。强调在开始农业生产活动时投入的自然资源尽可能减少;在农业生产活动之中尽可能减少消耗物质能源;在结束农业生产活动时尽可能减少排放废弃物,按照"资源—农产品—农业废弃物—再生资源—农产品"废弃物的多级再利用的反馈式流程组织农业生产,不断提高循环利用资源的效率,促进传统线性农业增长模式转变为生态循环型农业模式,实现农业发展经济与保护生态环境的双重效果。

### (三)农业循环经济的主要原则

农业循环经济是一种不同于传统农业的新型发展模式,它的核心理念是在农业生产整个过程的各个环节中引入循环经济的原理和思路,利用先进的农业科学技术,减少污染性、非可再生资源的投入使用,提高资源的利用效率,无害化生产过程产生的废弃物,将农业生产活动对自然生态环境的影响减到最低,从而实现经济、社会的发展同环境的保护协调一致的目的。农业循环经济的发展要求我们必须坚持以发展的眼光看问题、以市场的调节为指导、以实现规模的最大化为目标等原则,将农业经济活动与生态系统的各种资源要素紧密结合起来并加以统筹协调,进而建立起经济效益与环境保护同步的合理机制。

农业循环经济以减量化、再利用、无害化为原则,贯穿循环农业生产经营活动的始终,确保了农业活动的资源节约性和环境友好性。

第一,减量化原则。减量化原则要求减少直接投入原始的农业生产资源,取而代之的是可再生、可循环利用的生产资源,从而减少农业生产总的物质资源的投入,降低对环境的影响。

第二,再利用原则。再利用原则要求无论是生产开始投入的生产资源,还是生产过程中使用的生产资源,还是最终产生的产品和废弃物,都应尽量做到提高使用效率和循环使用。

第三,无害化原则。无害化原则要求不断开发利用农业生产过程中副产品、废弃物的利用价值,将物质和资源的使用效率发挥到最大,并依托现代农业高新技术,将废弃物进行处理和再加工,最终实现向周围生态环境绿色排放。

## 二、农业循环经济发展模式的构建探索

农业循环经济发展模式不是对传统农业模式的完全改变,而是把传统农业的精华与现代农业科学技术有机地结合起来,充分总结和吸取各种农业生产实践成功经验的基础上,注入可持续发展的理念,使农业生产的发展建立在一个高效、持续、优质、低耗的基础上,实现生态环境有效保护、资源合理配置和系统可持续发展。

### (一)农业循环经济发展模式的目标与思想

#### 1. 农业循环经济发展模式的总体目标

所谓模式,是指一种相对固定的框架,是被理论加工后的一种范式,一种可模仿、推广或借鉴的样板、办法和途径。农业循环经济发展模式是要解决如何从传统的农业生产方式向可持续的农业生产方式转变的问题,即从一种发展模式向另一种发展模式转变。当然,建立农业循环经济发展模式并不意味着对传统农业模式的否认。发展农业循环经济的总体目标是在既定的农业资源存量、环境容量以及生态阈值综合约束下,运用循环经济理论组织农业生产活动以及农业生产体系,在农业生产过程和农产品生命周期中减少资源、

物质的投入量和减少废物的产生与排放量,加大对废物资源的循环利用,提高农业生产系统的产出量,实现农业经济和生态环境效益的双赢。

### 2. 农业循环经济发展模式的构建思想

以现代化农业理念为指导,认真贯彻国家发展循环经济,建设节约型社会的政策导向,结合我国各区域发展的总体规划,以提高资源利用率和降低废弃物排放为目标,以当地的技术创新为动力,引导、推行、支撑农业循环经济发展。

针对各地的自然资源环境状况和经济技术发展水平,提出符合自身发展特点的农业循环经济发展模式。把企业、农户作为实施农业循环经济的策动力和执行主体,从生产、消费、废弃物的回收等环节,从企业、园区和社会三个层面推进农业循环经济发展。

建立高效的管理机制,进行全过程目标控制,综合利用技术开发、技术集成应用、科技示范等方式组织实施,充分整合相关资源和结合农业特点,依靠科技创新、技术产业化实现农业资源的高效利用,改善生态环境,提高人民生活水平,实现经济社会可持续发展,为农业循环经济在更大领域和更高层次上的发展树立典型。

## (二)农业循环经济发展模式的构建原则

农业循环经济发展是一个融经济、技术和社会为一体的系统工程,它随着经济的发展不断地向前推进和深入。目前,我国农业循环经济还处于发展的初级阶段,发展农业循环经济也只能是适合不同区域特点的起步阶段。在农业循环经济的建设过程中,应体现不同层次和不同阶段的要求,实行试点先行、典型带路、逐步推进的方针。随着我国社会主义市场经济体制的不断完善,农业循环经济的发展模式不断成长,最终将在全国范围内形成农业循环经济的发展模式,形成一种典范,但这必将是一个长期的循序渐进的发展过程。同时,发展农业循环经济在总体上必须遵循相应的原则,同时也应该按照科学合理的步骤循序渐进来展开,当然不排除一些重点地区、重点领域、重点行业通过实施重大举措实现突破,从而促使局部地区实现跨越式发展。

农业循环经济发展模式的构建是一个复杂的大型系统工程,其设计和实施必须严格地遵循系统论的基本原理,另外可持续发展理论和循环经济基本原理也是农业循环经济发展模式构建的主要理论基础。在这些基本原理指导下,农业循环经济发展模式的构建必须遵循以下原则:

第一,整体性原则。从全局的角度去观察、思考、分析和解决问题;整体有序模式构建的重要前提;充分关注系统内外各组分之间相互联系、相互作用、相互协调的关系;将农、林、牧、副、渔各业合理组织,形成农业循环经济发展模式的高效率。

第二,因地制宜原则。不同地区的气候类型多样,自然条件和生态环境迥异,社会经济基础和人文背景也存在差异，在模式选择上应有所侧重；所构建的农业循环经济发展模式应能够适应当地自然、社会、经济条件的变化，克服影响其发展的障碍因素，并具有一定的自我调控功能，可以充分利用当地资源，发挥最佳生产效率。

第三，层次性原则。农业循环经济发展模式由许多子系统和层次组成，不同层次之间的结构单元具有不同的功能；在构建模式时，理顺各个子系统的层次关系以及相互之间的能量、物质、信息传递；确定层次之间的结构，分析各组分在时间和空间上的位置、环境结构和经济结构的配置状况；分析层次之间物质流、能量流、信息流、价值流的途径和规律。

第四，市场协调原则。农业循环经济发展模式所生产产品的市场需求情况，直接影响到农业生产模式的经济效益。在构建农业循环经济发展模式时，应充分考虑其产品的市场需求与潜在的市场前景；产品数量、质量和市场需求协调统一。

第五，科技先导原则。在模式构建过程中充分利用分析、模拟、规划、决策的手段和技术；利用现代农业技术来实现农业的可持续发展，提高农业的生产力和生产效益。显然，"5R"原则是循环经济的基本原则，即"再思考、减量化、再利用、再循环、再修复"原则，每个原则对农业循环经济的成功推进都是必不可少的。

## （三）农业循环经济发展模式的构建路线

农业循环经济发展模式是人类干预自然生态系统的产物。从本质上讲，农业循环经济发展模式的构建过程就是通过人类合理干预和调控，使农业系统不断完善、优化和提高的过程。同时，农业系统是由农业生态、农业经济、农业技术三个子系统相互联系、相互作用形成的一个高阶多级复合系统，所以，农业循环经济发展模式的构建也是一个系统性工程，必须从系统的角度出发，进行全面规划，科学设计，使农业系统相对稳定，并处于相互适应和协调发展的状态。构建农业循环经济发展模式的技术路线主要包括以下六个步骤：

### 1. 农业现状调查与要素识别

（1）农业现状调查。农业现状调查（系统辨识）是构建农业循环经济发展模式工作的第一步。这一阶段的目的是明确所调查的对象是什么系统，明确系统构建的基本目标；划清系统边界，确定系统的规模和级别。农业循环经济系统按规模大小可分为涉及三次产业的区域社会经济自然复合系统、涵盖农林牧副渔的大农业生态经济系统、以种植或养殖为主的专项农业生态经济子系统、具体到农田或池塘的小型农业系统。农业循环经济系统的构建目标随不同区域、不同系统而有所不同，但概括起来主要分为三大目标，即完善系统结构、提高系统功能和增加系统效益，继而实现区域经济、社会和环境的协调发展。系统边界应根据构建目标而定，以市（县）、乡、村行政区划甚至以庭院为系统边界进行设计。

具体任务是对现状进行考察，即调查、收集有关的资料和数据。调查过程中，应当注意农业循环经济系统并不是一个孤立的系统，它与自然、社会和经济大系统之间存在相互依存的关系。一般来说，自然环境和资源条件对农业生态系统的作用是长期的，不可逃避的，而社会、经济条件的影响是潜在的，并随时间推移而不断发生变化的。因此，在现状考察阶段应对系统的各种影响因素进行全面、深入的了解。具体调查内容包括自然资源分布、经济社会发展程度等各类信息。其中，自然资源考察内容主要包括土壤、水利、气候、农作物品种的情况；而对经济、社会发展等方面的调查内容包括农村经济状况、人口规模、农民收入状况等。

（2）农业发展要素识别。农业循环经济发展模式的构建往往表现为对现有农业系统的改进，因此，在确定对象系统的目标、边界和规模后，要进行第二步即农业循环经济发展因素识别（系统诊断）。这一阶段的目的是初步判断农业系统当前的组成、结构、功能三个方面的合理、协调程度。其具体任务是在对农业系统现状充分调查的基础上，进行大量的经济、社会、环境的资料和数据的整理、统计和实验等工作，定性（量）地指出发展农业循环经济的有利条件和制约因素，分析环境、资源等对农业系统的限制、约束的因素及其程度。

### 2. 评价农业循环经济系统

评价农业循环经济系统是在系统诊断的基础上，确定发展农业循环经济的关键问题和突破口。农业循环经济系统的研究必须定性与定量相结合，并逐步由定性走向定量。这一阶段的目的是按照农业循环经济发展的目标抽象出可以量化的系统评价指标，为确定模式构建方案提供理论支撑。其具体任务是建立一套农业循环经济评价指标体系和评价方法，通过系统评价来检测区域农业循环经济发展水平；通过系统评价来衡量农业可持续发展的能力，判断农业发展能否达到预期的目标；通过系统评价为发展区域农业循环经济提供辅助决策服务，这也是发展农业循环经济从理论阶段进入可操作性研究阶段的前提。

### 3. 农业系统聚类分析与分区规划

农业循环经济是农业实践从局部、直线的主导思想向全面、系统方向发展的产物，因此，选择在经济上和生态上都有意义的相对完整的单元来进行农业生产非常重要。这一阶段的目的是根据农业循环经济发展区划的原则，对农业循环经济进行科学的区域划分（系统综合与分析）；有针对性地完善农业内部结构，强化生态功能，建立稳定的农业循环经济发展模式，实现系统内部物质循环利用和区域农业循环经济的健康发展。具体任务是在弄清各地农业生产的现状和影响因素的基础上,通过聚类分析将那些农业经济、社会发展、资源环境、技术水平等实际状况相类似的县市区归类,剖析、发现各类地区的差异并对症下药,合理确定各分区主导农业循环经济发展模式,为制定发展对策提供依据。

### 4. 优化设计农业循环经济发展模式

农业循环经济发展模式的优化设计(系统优化)是整个系统构建工程的核心任务。这一阶段的目的是在前期调查评价工作的基础上,结合农业循环经济发展的目标、农业循环经济模式构建的原则、各农业分区特点等因素,提出使原有系统结构优化、功能提升的一种或几种主导农业循环经济发展模式方案,继而比较在各个可控因素允许变动范围内的不同方案,寻找实现系统预期目标的最优方案。其具体任务是综合运用系统论、生态经济学等理论和农业循环经济配套技术,优化设计出更有效的农业循环经济发展模式,改良现有农业系统。

从系统论的角度来看,系统结构优化的途径包括三个方面:①优化系统内部元素组成,引进有活力、增强系统功能作用明显的新鲜元素,取代缺乏生命力的元素;②优化系统内部各子系统的相互关系,使得子系统之间由不协调变为协调,由低层次的协调变为高层次的协调,从而使系统结构合理化;③结合系统开放性,通过系统外部的合理投入,增强系统的负熵流,使得系统向着更有序的方向发展,形成耗散结构,实现系统的可持续发展。

### 5. 分析农业循环经济发展模式

从农业循环经济发展模式初步构建到方案的最终确定,还应由决策者根据经验、方针政策、专家意见等对方案进行分析(系统决策)。这一阶段的目的是从更广泛全面的角度对农业循环经济发展模式方案进行分析,以便最终付诸实施。其具体任务是对新构建的农业循环经济发展模式进行分析和评估,以进一步衡量和确认所构建模式的优劣,并通过对模式内在的机制进行探索,为方案的最终确定提供决策服务。

对农业循环经济发展模式分析的内容包括结构分析、功能分析和综合效益预分析。结构分析是通过分析系统的生态、社会和技术结构来揭示系统的基本特征,研究系统的协调性和稳定性;功能分析是对系统内部各子系统之间及系统与外界环境之间物质、能量、信息、资金投入与产出的情况进行计量和分析,并结合结构评估,反映系统运行过程中的生态平衡和经济平衡状况,进而分析系统运行机制,为今后系统的进一步优化提供依据;综合效益预分析是对系统功能表现形式的评价,按功能表现形式不同可分为生态效益、经济效益和社会效益。系统结构的优劣决定着系统功能的大小,进而决定了系统所能达到的效益高低,因此,结构分析、功能分析和效益分析三者是相互联系的。

### 6. 形成农业循环经济具体实施计划

选定模式方案后，还要形成具体的实施计划。方案不同，实施计划也不同。农业循环经济发展模式方案的实施是一项十分复杂的任务，涉及面较广，而且农业系统内外部条件也在不断变化，生产实践中会不断出现新情况、新问题。因此，这一阶段的目的是采取有效措施，从各个方面对农业循环经济系统的正常运行进行保障。其具体任务是时刻关注系统运行中出现的问题，根据实际情况，提出有针对性的农业循环经济实施途径和保障措施，保证农业循环经济系统能够按预期目标发展。

## 三、农业循环经济发展模式的类型与优化

### （一）农业循环经济发展模式的类型

发展农业循环经济有利于提高经济增长质量，有利于保护环境、节约资源，是转变经济发展模式的现实需要，是一项符合地区具体情况、利国利民、前景广阔的事业。而构建科学合理的农业循环经济发展模式是农业循环经济顺利展开的前提。为完善农业循环经济模式，在已有农业循环模式研究的基础上，按照循环经济的基本原则，可以对农业大系统进行流程规划。农业循环经济需要减量化的部分是农业资源，农业资源包括土地、水、肥料、种子、电、油（煤）、人力等；需要再利用的部分是农产品和农业废弃物。其中，部分农产品直接被消费者消费，部分农产品需要再加工，形成新的加工产品送到消费者手中。按照这种思路，对于区域农业大系统，从经营主体的特点出发可将农业循环经济模式划分为以下四种类型：

### 1. 家庭农业循环经济模式

在社会主义新农村建设过程中，环境建设是新农村建设的重点任务之一，家庭产生的垃圾严重影响着村容整洁，成为农村的点污染源。我国农村地区每天产生的生活垃圾达100万吨以上，大部分未经处理的垃圾成为蚊蝇滋生的地方和地表、地下水的重要污染源，最终造成农村面源污染。

家庭农业循环经济模式是把一个家庭作为独立单元，并形成一个系统，在这个系统中，资源包括水、电、煤气等，中间产品包括人和家禽，废弃物包括生活垃圾、人和家禽产生的粪便以及从田地收回的秸秆等。对于如何处理家庭垃圾，有两种选择：一是街道摆放或建设垃圾池，进行集中处理；二是建设户用沼气池，即在自家的院子中建立户用沼气池，用于处理家庭产生的所有有机垃圾。

### 2. 农业龙头企业循环经济模式

随着我国工业的发达、科技的进步，近年来，农业龙头企业在全国各地蓬勃发展，同

时也给环境造成了巨大污染。农业龙头企业循环经济模式是把企业作为一个循环系统，在企业内实现生态循环。龙头企业的资源包括水、电、暖、生产用原材料等；中间产品为农产品加工产品；废弃物包括工人生活垃圾、生产过程中产生的固、液、气等废弃物。此处以畜禽养殖龙头企业为典型进行循环经济模式设计。

农业龙头企业循环经济模式的设计思路是：以沼气池为核心，规模畜禽养殖产生大量畜禽粪便，通过沼气池对畜禽粪便进行处理，产生沼气用于发电，部分电供企业内使用，部分电可以向周围住户及企业销售。沼气也可以罐装储存，向居民销售液化气，用于炊事。另外，沼气池发酵产生的 $CO_2$、$CH_4$ 通过申请 CDM 项目可以向发达国家销售减排指标。沼气池产生的沼渣、沼液通过技术处理，生成绿色肥料，部分用于企业承包的农田，生产畜禽所需饲料，部分向其他企业或农户销售。

### 3. 农业园区循环经济模式

农业园区是近两年才兴起的，为实现企业集群效应，把各类相关企业聚集到园区内。农业园区的建设，一方面可以产生巨大经济和社会效益，另一方面也意味着将产生更多的垃圾，形成更大的污染源。

如何实现园区废弃物综合利用，有效控制园区污染，是今后一段时间园区要解决的重要问题。农业园区循环经济模式是以园区作为一个系统。在园区建设初期，综合规划园区内热电能源的梯级利用系统，通过严格筛选进园项目，把各类农业生产及加工企业聚集到园区，同时聚集上、下游企业，实现生产企业梯级链接，在纵向拉长产业链的同时，横向耦合相关产业，使企业之间产品能配套、废物能循环，形成企业间共生发展模式。

农业园区循环经济模式的设计思路是：存在企业 1、企业 2、企业 3，企业 1 的产品或废弃物是企业 2 生产农产品的原料来源，企业 2 的产品或废弃物是企业 3 生产农产品的原料来源，以此类推到多个企业，这样，在企业之间就形成了产业链条；横向耦合的产业，存在生产、回收包装企业和物流企业。生产、回收包装企业为企业提供产品包装，同时回收废旧包装，通过整形后以较低价格重新销售给生产企业，降低企业生产成本。物流企业则负责企业产品的运输和配给。在这种模式中，以沼气池为纽带，收集各生产企业产生的有机废弃物制取沼气用于发电，部分电成为园区的热电能源，部分电向周围企业及居民进行销售。沼气池产生的沼渣、沼液通过技术处理形成绿色肥料进行销售。同时，开发 CDM 项目，向发达国家销售减排指标。

### 4. 城镇化农业循环经济模式

城镇化循环经济模式是以城镇作为一个循环系统，在这个系统内实现生态循环。城镇化过程中城乡工业及生活垃圾的处理和利用是一项系统工程，应通过各个环节的合作，进行系统的开发、利用和管理。例如，垃圾的减量化、无害化处理，实现资源化、产业化利用，促进良性循环，实现城乡垃圾零排放、零污染。

城乡工业及生活垃圾处理和利用的产业化模式，就是将垃圾的收集、分类、处理和综合利用等环节有机联系起来，形成产业，由企业经营运作，在城市和乡村系统间进行多层次、高效能的物质交换和能量转换，实现不同系统间的横向耦合及资源共享，变污染负效益为资源正效益。

城镇化循环经济模式的设计思路是：以垃圾处理站为核心，建立大型沼气池，联合开发区、产业园区、周边企业及农业基地等各种可利用资源，通过政府政策引导，使他们形成利益共同体，要求各经营主体产生的垃圾主动运往垃圾处理站，同时，这些经营主体可以较低的价格或相当于运送垃圾的比例享受沼气池产生的成果，如电、肥料等，最终形成整个城镇的循环经济体系。随着区域规划的不断加强，城镇化循环经济模式将成为未来保持区域生态平衡的一种重要方式。

推广城镇化农业循环经济模式时还须在分类收集、技术利用和管理体制等方面实施相应的举措：一是建立和完善垃圾分类收集处理系统；二是完善技术创新和技术手段的研发体系。要积极开发和应用生物降解技术，提高生活垃圾堆肥质量，同时要积极开拓工业垃圾农业循环利用的新途径；三是建立和健全相关法律制度体系。

## （二）农业循环经济发展模式的优化

农业循环经济模式的分类是一个较为复杂的问题，按照不同的分类标准和方法有不同的分类体系。按资源的利用方式、系统功能原理或产业结构特点可分为限制因子调控模式、生物共生互利模式、物质良性循环模式、开放复合模式、庭院生态经济模式共五大类，每一大类又包含许多较小的类型。

### 1. 限制因子调控模式

以防治自然灾害、改善生态环境为重点的限制因子调控模式。这种模式是针对影响当地农业生产的土地退化、病虫草害等因素，采取各种技术措施进行合理调控，以改善农业生态环境和生产条件，增强农业抵御自然灾害的能力。这种模式主要包括病虫草害的综合防治、黄淮海平原的农林复合生态系统、山地丘陵区的小流域综合治理、沿海和内陆盐碱滩涂的开发治理模式等类型。

### 2. 生物共生互利模式

充分利用时间和空间、高产高效的生物共生互利模式。这种模式是利用各种生物的不同特性，在空间上合理搭配，时间上巧妙安排，使其各得其所、相得益彰、互惠互利，从而提高资源的利用率和单位时间空间内生物产品的产出，增加经济效益。这种模式可分为立体种植、立体养殖、立体种养三种类型。

（1）立体种植型，如以粮棉油作物为主的各种农田间套复种，鲁西南地区的棉粮间作，鲁北地区的枣粮间作，许多地方的果粮、果油、果菇间作，以及林下种植食用菌、玉米套种平菇等。

（2）立体养殖型，如不同鱼种的立体混养、鱼鸭共生、鱼蚌共生、鱼鳖共生、禽鱼蚌共生等。

（3）立体种养型，如在稻田或藕田内养鱼、养虾、养泥鳅、养河蟹，有的在稻田内种植细绿萍后再养鸭或养鱼。

### 3. 物质良性循环模式

开发利用有机废弃物资源、优化配套的物质良性循环模式。这种模式通过充分利用秸秆、粪便、加工废弃物等农业有机废弃物资源，将种植业生产、畜牧业生产和水产养殖业生产等密切结合起来，使它们相互促进、协调发展，一个生产环节的产出是另一个生产环节的投入，从而防止了环境污染，提高了资源利用率，并转化形成更多的经济产品。这种模式类型繁多，举例如下：

（1）水陆交换的基塘农业模式。即在内陆盐碱、涝洼地区或地表水较丰富的地区，挖塘筑基，田基上可以种植桑树、果树、水稻、蔬菜、花草等，水塘可以养鱼、种藕，用饲料、饲草、蚕沙来喂鱼，用塘泥肥田。有的在鱼塘边搭棚养鸡，鸡粪喂猪，猪粪入沼气池发酵，沼渣、沼液肥塘养鱼，形成所谓的鸡、猪、沼、鱼牧基鱼塘模式。

（2）山丘区"猪沼果"结合模式。在果园内建沼气池、养猪喂鸡，猪粪、树叶、烂果等入沼气池发酵生产沼气，用于照明和做饭，沼渣、沼液等做果树的高效有机肥料。

（3）"多位一体"生态大棚模式。在蔬菜大棚内养猪、建沼气池，猪粪尿入池发酵产生沼气，沼气用作炊事、增光、升温、提供二氧化碳气肥，沼渣、沼液做蔬菜的有机肥或猪饲料，从而实现产气、积肥同步，种植、养殖并举，建立起种、养、沼结合的良性循环系统。

（4）以沼气发酵为纽带，种养结合的物质多层次循环利用模式。在农户庭院中建设户用小型沼气池或者是集中连片建设大中型沼气站，利用秸秆、畜禽粪便等发酵生产沼气，沼渣、沼液可以肥田、做畜禽饲料或养殖食用菌等，种植业和养殖业相互促进、协调发展。

### 4. 开放复合模式

种、养、加结合、农工贸一体化的开放复合模式。该模式立足当地资源优势和市场需求，大力发展以农畜产品加工为主的工副业生产，积极扶持第三产业，使种、养、加、贮、运、销、服务相配套，同时不断改善农业生态环境，形成以工补农、以农带牧、以牧促农、以农牧发展推进工业生产的生态经济大循环和开放复合式的结构。

### 5. 庭院生态经济模式

农村中千家万户的庭院是农业开发的重要潜在资源。开展庭院生态经济建设对于充分利用农村剩余劳动力，缓和人地矛盾，改善环境卫生，促进农民致富，具有重要意义。目前主要可分为以下五种类型：

(1) 专项经营型，即以庭院种植、养殖、贮藏、加工或从事盆景、雕刻等单项生产为主。

(2) 立体开发型，即在有限的庭院空间内将各种动植物按其各自特点合理搭配，适当安排。如在庭院栽葡萄、佛手瓜，下面种蘑菇、中药材等耐阴植物，或养殖鸡、猪等家畜。

(3) 以种促养型，即通过发展庭院种植，促进庭院养殖的发展，畜禽粪便又可作为种植业的有机肥料，从而实现种养结合。例如，庭院种植蔬菜带动了养兔业的发展，兔粪又是蔬菜的有机肥，从而使种菜养兔双丰收。

(4) 以养促养型，即利用食物链原理、实现不同动物养殖的最优组合，使资源得以有效利用，以求最大经济效益和生态效益。如用土鳖喂蝎子，用蝇蛆喂鱼，用羊奶喂鸡、喂貂，鸡粪喂猪等。

(5) 能源开发型，在庭院内推广使用省柴节煤灶、太阳能热水器、太阳灶，建设户用小型沼气池等。这种沼气池体积8~10立方米，一般1头牛或2头猪，加上4个人的粪便产生的沼气，可供农户烧水做饭6个月以上。沼渣、沼液不仅可做高效有机肥，还可喂猪、养鱼、种蘑菇等。

## 四、农业循环经济发展模式的实施层面

### （一）微观层面的点循环

单个农户在农业生产过程中不仅要注重农产品数量增加和农产品质量提高，而且要尽可能地减少对人体有害及破坏自然环境的化肥、农药等物品的使用。另外，通过农产品的清洁生产，有效配置农业资源以最大限度地减少对不可再生资源的耗竭性开采与利用，并应用替代性的可再生资源，以期尽可能地减少进入农业生产、农产品消费过程的物质流和能源流。单个消费者应该购买具有最大比例的二次资源制成的农产品，使得农业经济的整个过程（田间—农产品生产—农产品消费—农业再生资源—田间）尽量实现闭合。

## （二）园区层面的线循环

按照产业生态理论建立产业生态园，是推行循环经济的一种先进方式，世界上有许多成功的典型。这种方式模仿自然生态系统，使资源和能源在这个产业系统中循环使用，上家的废料成为下家的原料和动力，尽可能把各种资源都充分利用起来，做到资源共享，各得其利，共同发展。

在人类社会进入可持续发展的时代，必须对传统农业发展模式进行革新，以创新的思路、科学的态度，运用循环经济的原理，加快实现传统农业发展模式向循环农业发展模式的转变，建立资源、环境、社会经济协调发展的循环型农业发展模式。要切实解决与农业相关企业的发展与当地资源开发不协调的问题，选择一些基础好、以优势资源为依托的产业，通过技术改造，发展深加工的加工业，将资源优势转化为经济优势，形成资源、加工制造、产品销售一条龙的区域优势产业，大力培育和发展生态农业园区，带动本地区产业的可持续发展。依靠科技进步，建立以无污染、节能为主的农业生产与加工生态系统。同时，应根据不同地区的生态环境质量和产业体系的特点，选择一批已建成的农业园区作为推进循环经济的试点生态农业园，运用产业生态学原理，对其进行完善改造，重构园区内的物质流、能量流、信息流，使之逐渐符合发展循环经济的要求。另外，在新建生态农业园区时，更应该从规划阶段起就引入循环经济的理念和基本原则，在建设中彻底贯彻适应循环经济的设计思想，培育真正能发挥循环经济强大功能的生态农业园。

## （三）区域层面的面循环

在区域层面上推行循环型农业发展模式，不仅需要循环经济的宣传教育活动，更需要建立长效的推进机制。

首先，加强政府引导和市场推进作用。在区域循环型农业体系的建设中，继续探索新的循环型农业实践模式。政府有关部门特别是环保部门要认真转变职能，为发展循环经济做好指导和服务工作；充分发挥市场机制在推进区域循环型农业体系构建中的作用，以经济利益为纽带，使循环经济具体实践模式中的各个主体形成互补互动、共生共利的关系。

其次，建立促进区域循环型农业体系形成的法规制度。借鉴发达国家在区域及社会层面发展循环经济的经验，加快制定适宜本地发展区域循环型农业体系的法规，通过法规对发展循环经济以必要规制，做到有章可循、有法可依。

最后，大力推广绿色消费意识，引导政府、企业及公众积极参与绿色消费运动，各级政府要发挥表率作用，优先采购经过生态设计或通过环境标志认证的产品，以及经过清洁生产审计或通过ISO14000环境管理体系认证的企业的产品。通过政府的绿色采购、消费行为影响企业和公众。在社会意识形态领域还需要有促进构建区域循环型农业体系的良好氛围。

### (四) 产业层面的大循环

循环型农业是相对传统农业而言的,并以现代产业的方式和要求对其进行改造,在经营理念、经营主体、经营方式、技术装备和管理体制等方面与其有本质区别。农业产业化是其实现的重要途径,是建设现代农业的重要组成部分。

根据国家相关发展计划,建立循环型现代农业体系主要从以下方面入手:

第一,提高农业科技创新和转化能力。深化农业科研体制改革,建设国家创新基地和区域性农业科研中心,鼓励企业建立农业科技研发中心等。

第二,加强农村现代流通体系建设。积极推进农产品批发市场升级改造,促进入市农产品质量等级化、包装规格化。鼓励商贸企业、邮政系统和其他各类投资主体通过新建、兼并、联合、加盟等方式,在农村发展现代流通业。

第三,推进农业结构调整。按照高产、优质、高效、生态、安全的要求,调整优化农业结构。建设优势农产品产业带,发展特色农业、绿色食品和生态农业,保护农产品知名品牌,培育壮大主导产业。

第四,发展农业产业化经营。培育有竞争力、带动力强的龙头企业和企业集群示范基地,推广龙头企业、合作组织与农户有机结合的组织形式。

第五,开发节约资源和保护环境的农业技术,推广废弃物综合利用技术、相关产业链接技术和可再生能源开发利用技术。大力开发建立循环经济的绿色制度保障体系和绿色技术支撑体系。以绿色制度变迁促进绿色技术创新,以发展高新技术为基础,开发和建立包括环境工程技术、废物资源化技术、清洁生产技术等在内的"绿色技术"体系。

## 第三节 农业循环经济的发展规划

### 一、农业循环经济发展规划的概念

"农业循环经济不仅实现了运作过程的现代化,也兼顾了建设美丽乡村的愿景。"[1] 随着农业循环经济的不断发展,我国许多地区目前正在开展不同类型和不同尺度的以循环经济为主题的农业发展规划,如区域(省、市、县等)农业循环经济发展总体规划、农业循环经济示范区规划、循环农业产业园区发展规划、循环农业农场发展规划等。农业循环经

---

[1] 王筱萍,刘文华. 农业循环经济分层绿色融资模式研究 [J]. 经济问题, 2020 (2): 109.

济发展规划作为一类具有鲜明主题的规划，在其基本概念、指导思想、规划内容、规划原则等方面，与一般的经济发展规划相比均有不同的要求。

农业循环经济规划是根据循环经济学和产业生态学原理，按照"3R"原则，对一个地区的大农业产业、农业部门产业，以及农业产业与其他产业（包括居民生活）之间的各种结构与功能关系进行优化安排、调整或重建，通过废弃物资源化利用、要素耦合和产业链接等方式，建立网络状的相互依存、协同作用的农业产业化体系，以实现"减量化、高利用、高效益、低排放"发展目标的农业发展规划。

与一般的经济发展规划最明显的区别在于，农业循环经济发展规划更注重农业中各种循环关系的建设规划以及生产过程中的清洁生产规划、废弃物的资源化利用规划等方面的内容。

一项完整的农业循环经济发展规划通常要涵盖几个不同的层次，即包括区域产业层次、农业产业层次、农业部门产业内部层次、具体农业生产单元（如农场、农田、企业）与生产过程层次、产品层次五个层次。

区域产业层次的规划主要包括农业与区域内其他产业（第二产业、第三产业）、农村与城镇之间的产业对接、产品对接、废弃物利用对接及其比例结构等内容。

农业产业层次的规划主要是指在规划区域内大农业（农、林、牧、渔、副）各业之间的结构比例、技术对接、物质（包括废弃物资源）的循环利用对接，例如，种植业与养殖业之间的匹配与链接、种植业与渔业之间的整合、林业与其他产业之间的耦合、农业副业与各农业部门产业之间的比例关系与技术对接。

农业部门产业内部层次的规划包括在种植业内部、养殖业内部等之间的比例关系，例如，粮食作物与经济作物的比例及其之间的时空组合，养殖业中各种畜禽的生产比例关系及其空间布局。

具体农业生产单元与生产过程层次的规划主要是指在一个园区、一个农场、一个生产基地（农田）或者一个生产加工企业内，各种生产与生活项目之间的生物关系、物质循环关系、能量流动关系、废弃物利用关系、结构比例、面积大小及其时空布局、生产过程、清洁生产技术工艺等方面的规划设计，通常属于详细规划的范围。

产品层次的规划设计是指对每个生产部门的各种产品及其中间产品进行面向环境的设计。面向环境的设计要求在农业循环经济产业链过程中开发的各种农产品和相关产品须充分考虑产品的环境特性，要求尽量减少资源（特别是不可再生资源）和有害物质等的使用，提高资源的循环利用率，同时使产品在整个生命周期（原材料获取、生产、运输、使用到产品的报废/回收等）中的废物排放最小化，尽可能减少对生产者、使用者及周围人群的不良影响。

## 二、农业循环经济发展规划的内容

农业循环经济发展规划的基本内容包括循环经济产业链的构建、循环系统的规划设计、生物关系的重建与设计、系统结构与功能集成等方面的内容。

### (一) 构建循环经济产业链

产业链是区域循环经济发展的基本框架和重要内容。长期以来，我国农业发展存在产业链窄而短、产业链开裂与脱节、链接不畅、产业链组织化程度低等问题，因此，要发展农业循环经济，就必须进行区域产业链的构建或重建。

区域农业产业链的构建要求在对规划区域的主导产业、优势产业和支柱产业的分析研究基础上，进行产业链的纵向延伸与横向拓展，实现不同产业的对接。农业循环经济产业链的构建就是使农业产业链从松散到紧密，从开裂到闭合，从生产到市场，从单一到综合，从短到长，从小到大，从内到外，进而形成一个有机连接的、完整闭合的产业体系。

通常在区域产业链构建时，要开展对区域的产业结构现状分析、产业发展阶段诊断分析、产业发展预测、产业关联度分析等工作，筛选适合于区域未来发展的支柱产业和主导产业，提出需要拓展和补充的产业门类（包括各种服务产业，如物流产业、信息服务产业等），以及与周边地区相对接的产业门类，要特别注意加强"动脉产业"和"静脉产业（如环保产业）"之间的有机配置。在此基础上，绘制一张规划区的产业链综合结构图，并须标明各产业之间的链接关系与能流、物流关系。

### (二) 建设规划循环系统

农业循环系统建设规划是农业循环经济发展规划的核心内容，农业循环经济实际上由不同类型的农业循环系统的链接与整合而成。农业循环系统建设是通过建立系统组分间物质循环链接，提高生态系统的资源效率和减少其对环境的压力。根据系统尺度大小，农业循环经济体系建设规划通常可包括农田系统循环、农牧系统循环、农业加工循环、农村内部循环、城镇-农村循环、生物地球循环等的规划与设计。农业循环经济建设的核心是利用生态系统生态学原理，根据物质、能量、信息和资金平衡关系，建立经济适用的各类循环模式。

#### 1. 农田系统循环

在作物和耕地形成的农田系统中，作物吸收养分后的秸秆回田是最重要的循环体系。秸秆可以通过机械粉碎、微生物分解、化学分解、食用菌培养、蚯蚓利用、堆肥等方式回田。秸秆回田的最优比例也是应当加以考虑的重要循环设计参数。

### 2. 农牧系统循环

农牧循环主要是指种植业与畜牧业之间的物质循环。在耕地、作物、畜禽形成的农牧系统中，禽畜粪便的循环利用是关键。粪便除可以直接回田以外，还可通过沼气、人工湿地、食用菌、堆肥或厩肥等方式建立循环通道。

### 3. 农业加工循环

农业加工循环主要是指农业种植业或养殖业与加工业之间的原料与废弃物利用的循环。随着社会经济生活水平的提高，农产品经加工后进入市场的比例越来越高，加工后的副产品及废物多数是有机物，适宜在农业中加以循环利用。例如，罐头、肉类、食油、纺织、淀粉、制糖、造纸、木材加工等企业产生的副产品和废料可以循环利用做肥料、饲料、燃料、培养基等。

### 4. 农村内部循环

农村内部循环主要是指农村居民生活和庭院经济生产与大田农业生产之间的生产原料和生活资料与各种生产生活废弃物利用的循环。在我国农村，长期以来，由于公共卫生设施的建设配套跟不上现实需求，结果导致了许多农村的粪便、污水和垃圾污染环境，降低了广大农民的生活质量。农村产生的这些粪便、污水和垃圾实际上大多数都可以进行农业循环利用。但由于农村及农户分散的特点，因此，常需要发展和普及分散式的处理方式，例如，污水的小型人工湿地处理方式、粪便的沼气处理方式、有机垃圾的堆肥方式等。

### 5. 城镇-农村循环

城镇-农村循环是指农村与城镇之间的产品、原料、生产资料与各种生产和生活废弃物的循环。在我国，曾在化肥供应缺乏的20世纪70年代前，由于城镇规模不大，一般城镇粪便和垃圾可以全部被近郊农田加以循环利用。到20世纪80年代以后，随着化肥农药的大量使用，这种循环链逐步被打断，垃圾被填埋或者焚烧，粪便被污水处理厂统一集中处理，这些废弃物资源未能得到充分利用。近年来，城镇市污泥以及生活和生产垃圾的资源化利用问题日益受到重视。即可以通过城镇垃圾分类收集系统的建立，对有机垃圾进行堆肥或其他无害化处理方式，从而实现农用循环；污水处理后的污泥经过相应处理若无有害物质，可直接农用；城市的餐饮厨余物可以作为养殖业的饲料和种植业的肥料；城镇-农村循环是当前解决城市生产、生活垃圾和发展循环经济的重要途径之一，具有较大的发展前景。因此，在农业循环经济发展过程中不可忽视。

### 6. 生物地球化学循环

生物地球化学循环，是自然界存在的一个基本循环类型。农业本身就处于全球的生物地球化学循环之中。农业的物质输入和输出加大了生物地球化学循环的速度与规模，在已经过量使用化肥的区域适当减少氮、磷、钾化肥的施用，有利于减少对工业化氮固定规模的需求和对磷矿和钾矿开采的压力，同时，也减少了对环境的面源污染，如土壤硝酸盐超标、水体富营养化等。规模化养殖业的发展也造成了较为严重的点源污染。随着全球环境问题（如全球变化）的日益突出，农业作为一个巨大的基础产业，对全球的生物地球化学循环起着极其重要的作用，其节能减排的功能显得尤为重要。因此，推广与应用农业低碳技术，改变和优化农业生产模式，扩大多年生植被，发展有机农业和资源节约型农业，减少温室效应气体的排放都会对农业资源相关的生物地球化学循环产生积极影响。因此，在农业循环经济规划过程中，对全球变化相关的农业生物地球化学循环过程也必须加以考虑。

## （三）重建农业生物关系

在数千年的中国传统农业中，生物多样性丰富，生物关系比较协调，在没有化肥、农药的条件下，实现了用地养地相结合、有害生物有效控制、农业长期延续的效果。为改变传统农业农田的产出和劳动力生产率不高的状况，工业化农业推广现代品种，运用化肥、农药、薄膜、机械等措施，结果导致了品种单一、生物多样性下降、有害生物经常暴发、土壤地力下降等问题。重建农业生态系统的生物多样性，重新建立起生物间的相互作用关系，常常能够产生"事半功倍"的效果，这已经为很多科学研究和生产实践所证实。

### 1. 农业作物生产过程中的关系重建

以作物为核心的农业生产过程，可以重建的生物关系，具体如下：

（1）作物与作物的关系。利用不同植物之间在光、温、养分、水分、抗病、抗虫、抗草等方面的差异，建立互利的轮作、间作、套作、邻作模式。

（2）作物与昆虫的关系。不同作物或不同作物品种对昆虫分别有吸引、驱赶、回避、抗性、耐性关系。利用昆虫之间的捕食关系，可以建立控制害虫的天敌体系。

（3）作物与微生物的关系。微生物与作物可能共生形成菌根或根瘤。微生物能够分解土壤钾和磷化合物，改善作物营养状况。通过感染害虫的微生物开发，使害虫控制增加了手段。食用菌能够有效转化秸秆、粪便等农副产品。甲烷细菌等相关微生物在沼气发酵过程起到关键作用。微生物如果是植物病原菌，会产生病害，但利用其他微生物的拮抗关系或者作物本身的抗性，就可能减少病害。

（4）作物与大型动物的关系。蚯蚓在消化和转化秸秆、粪便和改善土壤状况中有特殊的作用。农田中可以利用鸭、鱼、青蛙控制有害生物，利用猫头鹰、蛇和猫控制鼠害。

（5）作物与草的关系。田基草可以成为害虫天敌的集散地和避难所。梯田周边的草和生物篱笆可以减少水土流失。草田轮作有利于地力恢复。果园覆盖适当的草本植物，不仅可以减少其他杂草和减少水土流失，还可能成为绿肥。

（6）作物与树的关系。农林系统就是作物与木本植物良好关系的一些模式的总称。

### 2. 动物养殖生产过程中的关系重建

在动物养殖生产过程中也有很多可以重建的生物关系，这些关系具体如下：

（1）养殖动物与牧草的关系，通过捕食食物链的重建，进而部分替代人工合成饲料的使用。

（2）畜禽动物之间的关系。例如，可以根据畜禽动物对牧草不同部位的需求，在同一牧场上将不同动物进行轮牧；又如，可以用无害化处理的鸡的粪便喂猪等。

（3）水产鱼类之间的关系。最典型的模式就是四大家鱼的混养。

（4）畜禽动物与水产鱼类之间的关系。可以利用猪或鸡的粪便无害化处理后喂鱼，通过沼气发酵后利用沼液喂鱼等。

（5）养殖动物与微生物之间的关系。可以利用有益微生物来有效改善养殖业的水体质量，提高饲料品质，加速粪便分解与消除臭味，改善家畜养殖环境。

生物关系的重建可以根据食物链原理和生态位原理（空间生态位、时间生态位、功能生态位）来进行设计。在设计过程中，需要考虑生物种群的选择、生物群落结构设计、生物环境设计、生物节律匹配设计、人工食物链设计（包括生产环、增益环、减耗环、加工环、复合环、解链环等的设计）等方面的内容。

### （四）实现系统结构与功能集成

系统结构与功能集成，主要是指对整个规划区不同层面和不同子系统之间的结构、功能与技术进行整合与配套。系统集成通常包括物质集成、水系统集成、能源集成、信息集成和技术集成等方面的内容。

### 1. 物质集成

物质集成，主要是根据规划区农业循环经济的产业链规划，确定各产业成员间的上下游关系，并根据物质供求方的要求，运用过程集成技术，优化调整物质流动的方向、数量和质量，从而完成规划区整个产业链网络体系的物质流构建。在物质集成过程中，要实行清洁生产，最大限度地提高物质资源的循环利用率；要将废物作为潜在的原料或副产品相互利用，通过物质、能量和信息的交换，优化规划区内所有物质的使用和减少有毒物质的使用；在规划区外要充分利用物质需求信息，形成辐射区域，使规划区在整个循环经济中发挥链接作用，拓展物质循环和能量转化的空间。此外，可以建立物质和废物交换与处置中心，负责各部门产业之间的物资交换以及副产品与废弃物的利用和处理。

## 2. 水系统集成

水系统集成，是物质集成的特例，是农业循环经济发展中的一条重要纽带，其目标是考虑水的多用途使用策略，最大限度地节约水资源。根据水的质量，可分为超纯水（用于产品加工制造）、去离子水（用于生物或制药工艺）、饮用水（用于餐饮）、清洗水（用于清洗生产工具、车辆、建筑等）、灌溉水（用于农田、花草树木等景观园艺）、污水（经处理后可用于灌溉、清洗）等。由于下一级使用的水质要求较低，因而一般而言，下一级可以采用上一级使用后的出水。在水的多用途使用时，有时需要进行必要的水处理，以除去水中的有害杂质，尽量提高水的纯净度。处理后的水可以在本部门回用，也可以作为对水质要求低一级的部门行业的用水。其处理方法可根据不同的情形采用冷却、分离、过滤、超滤、反渗透、消毒、沉淀、生物处理、湿地处理等工艺。水处理系统的设置须作为规划区农业循环经济建设的一个重要组成部分。

## 3. 能源集成

能源集成，不仅要求规划区内各部门产业或企业、生产单元、各子系统寻求各自的能源使用效率的最大化，而且整个规划区要实现总能源的优化利用，最大限度地使用可再生能源（包括太阳能、风能、生物质能等）。能源集成的一条途径是能源的梯级利用，即根据能量品位逐级利用，提高能源利用效率。在规划区内根据不同行业、产品、工艺的用能质量需求，规划和设计能源梯级利用流程，可使能源在产业链中得到充分利用。另一种途径是热电联产，即在规划区中，因地制宜地利用加工业的锅炉或改造低压凝汽机组来实现热电联产，或使用沼气发电，向规划区和周围居民社区集中供热、供电，从而达到节约能源、改善环境、提高供热质量的作用，同时节约成本，提高经济效益。

## 4. 技术集成

技术集成，通常要求从产品设计开始，按照生命周期原则和"3R"原则，围绕清洁生产、健康生产和绿色管理过程，将各种关键生产技术、加工技术、配套技术、接口技术、废弃物处理与利用技术、监控技术、生态环境建设技术、抗风险技术、信息技术、管理技术等进行综合匹配和有机整合，以便为农业循环经济的发展提供高效的技术支撑。

信息共享是实现规划区资源高效利用和经济活力的重要条件，规划区各部门产业之间有效的物质循环和能量集成必须以了解彼此供求信息为前提。这些信息通常包括各种废弃物的类型、数量、流向等信息，相关产业链上的生产信息、市场信息、技术信息、法律法规信息、人才信息等方面。在农业循环经济发展规划中要考虑信息交换中心或信息交换系统的建设，其主要作用是为规划建设区提供信息管理支持，提供生产资料、专业技术信息和产品市场信息，提供有关提高能源利用效率、节约资源、废物最小化、清洁生产和应急反应等方面的指南和建议等方面的信息，便于整个产业体系中的物质和能量在规划区及其周边地区进行有序、高效的流动和交换。

## 三、农业循环经济发展规划的编制

### （一）农业循环经济发展规划的编制环节

农业循环经济发展规划过程大体上可包括：①实地综合考察与资料收集；②产业结构诊断分析与未来农业循环经济发展目标制定；③区域产业体系规划与产业链构建；④各部门产业或子系统的循环功能设计；⑤各环节的关键技术体系、接口技术体系与配套技术体系的设计以及投入产出的优化设计；⑥法律法规与政策支撑体系设计；⑦系统结构与功能的整体集成与总体规划方案的制订；⑧农业循环经济建设项目的运行效果监测与规划方案调整优化。

#### 1. 实地综合考察，收集相关资料

实地综合考察，收集相关资料是开展循环经济发展规划的第一步。该环节的主要工作包括对规划区自然资源状况、生态环境状况、社会经济发展状况、产业结构、农业发展状况、农业结构、人口状况、土地利用现状与土地利用规划、农村建设与农民发展状况、农业与农村基础设施建设状况、城镇发展状况与发展规划、社会文化发展状况、各方面存在的问题与现实需求、当地人们对未来的发展意愿等的全面调查和资料收集。实地调查采用的方式可通过野外考察、入户调查、会议讨论、资料查阅与收集、问卷调查、随机采访等形式。

#### 2. 分析产业结构，制定发展目标

该环节主要完成的任务包括规划区三次产业结构的现状分析、产业发展阶段辨识、优势产业、主导产业和支柱产业分析、产业关联度分析、未来产业发展预测、农业部门结构分析、产业结构优化调整方向与初步设想等。在此基础上，结合循环经济发展的要求，制定区域农业循环经济发展的总体目标、具体目标与分阶段目标和指标。

#### 3. 构建区域产业链，实现功能分区

构建区域产业链，实现功能分区环节主要是根据规划区的生态环境资源状况、社会经济发展现实基础以及未来区域农业循环经济发展的目标，制定规划区合理的相关联的产业发展体系（包括产业构成、比例、规模与未来发展方向、重点等），形成区域产业发展的基本框架。在此基础上，进一步对各产业进行对接与匹配，建立产业链接关系，同时进行功能分布，形成区域产业链网络体系，绘制区域循环经济产业链的构成图及其空间布

局图。

### 4. 设计技术体系，优化投入产出

在各子系统结构与功能设计完成以后，就需要进一步对相关的技术体系进行设计。技术是农业循环经济发展的基本支撑。在该环节，除了对各生产系统内部的生产工艺、关键技术与配套技术的设计外，还须对各产业之间和各系统之间的接口技术（如加工接口技术、贮藏保鲜接口技术、市场流通接口技术、信息接口技术、废弃物资源化利用接口技术等）进行设计，这些技术在一定程度上将直接关系到农业循环经济建设的成败。同时，要进行各系统和各环节物质和能量的投入产出设计，以及资金投入概算与效益分析等工作，按照"减量化、高效率、低排放、低投入"原则，制订各级系统的物质、能量和资金的投入产出优化方案。

### 5. 制定配套法规，构建服务体系

制定配套法规，构建服务体系环节主要围绕农业循环经济发展过程中需要的配套优惠政策和相关的法律法规支撑、社会化服务体系进行全面设计。主要包括以下内容：

（1）设计和提出发展循环经济的配套法律法规体系，特别是配套法规的制定等。

（2）设计和提出有利于推动发展循环经济的优惠政策，包括优惠的财政、税收、投资、土地、排污费返还政策和其他经济激励政策，制定废弃物资源化和再利用的激励性经济政策。制定明确生产者和消费者的责任和义务的政策。

（3）制定鼓励绿色消费和绿色采购的政策。绿色消费是循环经济发展的基本内容。建立政府绿色采购制度，优先采购再生利用产品和经过清洁生产审核、通过 ISO14001 认证的企业的产品以及通过认证的环境标志产品；在使用中，注意节约及多次重复利用。另外，通过政府的表率作用（如回收办公用品等），引导社会团体和企业积极参与绿色消费活动。

（4）加强与农业循环经济发展相配套的社会化服务体系的规划与设计，包括农业生产资料供应服务体系、农业科学技术服务体系、农业信息服务体系、农副产品销售服务体系、农产品市场服务体系、金融服务体系以及农业废弃物资源化利用与农业环保服务体系等的建设规划。

### 6. 整合规划方案，实现系统集成

系统结构与功能的整体集成环节是规划报告的综合制定阶段。即将上述各环节的规划设计方案（包括产业链设计、子系统循环功能设计、技术体系设计、投入产出设计、政策法规体系设计等）进行整合、完善、调整、优化与集成，使整个规划方案成为一个有机整体。作为最终的规划成果，要求达到系统性、完整性、层次性、综合性、科学性、规范

性、有序性和可操作性。最后提交的规划报告应包括规划文本和相关图件（如空间布局、产业链网络图、循环模式结构图、建设效果图等）以及说明书或附件等，做到图文并茂，有理有据，详略得当。

7. 运行规划项目，进行优化调整

为了保证农业循环经济建设项目的正常进行与可持续发展，通常需要在规划实施后进行一段时间的观察与监测研究，对各系统的运行状态、效果进行动态评估与分析，寻找"结构不顺、功能不调、接口不畅、效率不高"的生产系统或生产环节，并对其进行优化调整或者重新设计，使整个农业循环经济系统结构更加完善、功能更加强大、生态-经济-社会效益更加协调。该阶段获取的数据还可为今后的规划修编工作提供基础依据。

## （二）农业循环经济发展规划的编制步骤

农业循环经济发展规划通常可按照以下步骤进行：

第一，组建规划队伍，包括规划领导机构和规划技术机构。

第二，现状调研主要调查和分析当地自然条件、社会经济背景、主要的环境问题；分析现有经济运行模式的特点、主要存在问题。

第三，建设目标确定针对循环经济示范区建设的指标体系中各类指标，提出规划区相应的农业循环经济建设的总体目标和具体目标，目标应尽可能量化和易于考核。

第四，方案设计包括总体框架设计、产业发展规划（包括生态农业、生态工业、循环型服务业、循环再生产业等）、基础设施建设规划、生态景观建设规划、重点建设项目的筛选、项目详细规划、法律法规制定、支持系统设计。

第五，投资和效益分析包括规划区建设的投资预算，社会效益、经济效益、环境效益分析。

## （三）农业循环经济发展规划的文本编制

目前，尚无统一的农业循环经济发展的规划文本编制内容的相关规范，下面列举的是我国已出台的循环经济示范区规划文本编制的基本内容要求，可供在开展农业循环经济发展规划时参考，在具体规划过程中可根据实际情况，有所侧重、增删和调整。循环经济示范区规划文本编制的基本内容主要包括以下方面：

第一，地区社会、经济和环境概况，存在的主要经济、社会、环境问题及分析主要是对规划区自然、社会、经济等基本条件的客观分析以及对现实问题的科学诊断与评价，为后面的规划方案的制订提供基础依据。

第二，建设必要性和有利条件，主要包括：①对规划区发展循环经济的必要性分析；②有利条件分析。这些也是循环经济发展规划的基础背景内容之一。

第三，建设目标和原则，该部分主要包括：①总体目标；②具体目标；③建设原则。

第四，总体设计，主要包括：①循环经济建设总体框架；②主要物流、能流和元素代谢；③一、二、三产业循环方案。

第五，产业发展规划，主要内容包括：①生态工业发展规划；②生态农业发展规划；③循环型社会发展规划。

第六，基础设施建设规划，主要内容包括道路、水利、电力、通信、厂房、公共服务以及减灾防灾设施等的规划建设。

第七，生态景观建设规划，主要内容包括山体、森林、水体和大气等景观保护与改造规划、环境污染综合治理工程规划、绿地建设规划、自然保护区与生物多样性保护规划等。

第八，重点建设项目规划，主要包括生态工业、生态农业、生态服务业、环保产业、环境治理工程、生态建设工程等重点项目及其可行性分析，通常要求在规划文本中列出一份项目清单表。

第九，建设投资和效益分析，主要内容包括：①总投资；②融资渠道；③经济效益、社会效益、环境效益分析。

第十，法律法规和政策规划，主要内容包括：①法律法规；②鼓励政策（土地政策、税收政策、补贴政策、信贷政策等）。

第十一，组织机构和保障措施，主要内容包括：①领导小组、实施小组和专家小组；②保障措施（如信息网络、新技术开发、中介组织、宣传教育、环境管理体系、清洁生产与绿色环境审计等）。

# 第五章　基于大数据的现代农业经济发展

在中国经济发展新常态的背景下，我们要建设现代农业，加快转变农业发展方式，走产出高效、产品安全、资源节约、环境友好的现代农业发展道路。随着信息技术的飞速发展，大数据系统的应用为社会多方面的发展提供了契机。

## 第一节　面向农业领域的大数据关键技术

### 一、大数据技术的基础内容

大数据是指大小超出了传统数据库软件工具的抓取、存储、管理和分析能力的数据群。这个定义有意地带有主观性，对于"究竟多大才算是大数据"，其标准是可以调整的，即不以超过多少 TB（1TB = 1024GB）为大数据的标准，大家假设随着时间的推移和技术的进步，大数据的"量"仍会增加。应注意到，该定义可以因部门的不同而有所差异，也取决于什么类型的软件工具是通用的，以及某个特定行业的数据集通常的大小。

大数据的目标不在于掌握庞大的数据信息，而在于对这些含有意义的数据进行专业化处理。换言之，如果把大数据比作一种产业，那么这种产业实现盈利的关键，在于提高对数据的"加工能力"，通过"加工"实现数据的"增值"，大数据是为解决巨量复杂数据而生的。巨量复杂数据有两个核心点：一个是巨量，一个是复杂。"巨量"意味着数据量大，要实时处理的数据越来越多，一旦在处理巨量数据上耗费的时间超出了可承受的范围，将意味着企业的策略落后于市场。"复杂"意味着数据是多元的，不再是过去的结构化数据了，必须针对多元数据重新构建一套有效的理论或分析模型，甚至分析行为所依托的软硬件都必须进行革新。

#### （一）大数据的基本特性

大数据呈现出以下多种鲜明的特性：

（1）在数据量方面。当前，全球所拥有的数据总量已经远远超过历史上的任何时期，更为重要的是，数据量的增加速度呈现出倍增趋势，并且每个应用所计算的数据量也大幅增加。

（2）在数据速率方面。数据的产生、传播的速度更快，在不同时空中流转，呈现出鲜明的流式特征，更为重要的是，数据价值的有效时间急剧缩短，也要求越来越高的数据计算和使用能力。

（3）在数据复杂性方面。数据种类繁多，数据在编码方式、存储格式、应用特征等多个方面也存在多层次、多方面的差异性，结构化、半结构化、非结构化数据并存，并且半结构化、非结构化数据所占的比例不断增加。

（4）在数据价值方面。数据规模增大到一定程度之后，隐含于数据中的知识的价值也随之增大，并将更多地推动社会的发展和科技的进步。此外，大数据往往还呈现出个性化、不完备化、价值稀疏、交叉复用等特征。

大数据蕴含大信息，大信息提炼大知识，大知识将在更高的层面、更广的视角、更大的范围帮助用户提高洞察力，提升决策力，将为人类社会创造前所未有的重大价值。但与此同时，这些总量极大的价值往往隐藏在大数据中，表现出价值密度极低、分布极其不规律、信息隐藏程度极深、发现有用的价值极其困难的鲜明特征。这些特征必然给大数据的计算环节带来前所未有的挑战和机遇，并要求大数据计算系统具备高性能、实时性、分布式、易用性、可扩展性等特征。

如果将云计算看作对过去传统IT架构的颠覆，云计算也仅仅是硬件层面对行业的改造，而大数据的分析应用却是对行业中业务层面的升级。大数据将改变企业之间的竞争模式，未来的企业将都是数据化生存的企业，企业之间竞争的焦点将从资本、技术、商业模式的竞争转向对大数据的争夺，这将体现为一个企业拥有的数据的规模、数据的多样性以及基于数据构建全新的产品和商业模式的能力。目前来看，越来越多的传统企业看到了云计算和大数据的价值，从传统的IT积极向DT时代转型是当前一段时间的主流，简单地解决云化的问题，并不能给其带来更多价值。

## （二）大数据的交易分析

在未来，数据将成为商业竞争最重要的资源，谁能更好地使用大数据，谁将领导下一代的商业潮流。所谓无数据，不智能；无智能，不商业。下一代的商业模式就是基于数据智能的全新模式，虽然才开始萌芽，才有几个有限的案例，但是其巨大的潜力已经被人们认识到。简单而言，大数据需要有大量能互相连接的数据（无论是自己的，还是购买、交换别人的），它们在一个大数据计算平台（或者能互通的各个数据节点上），有相同的数据标准能正确的关联（如 ETL、数据标准），通过大数据相关处理技术（如算法、引擎、机器学习），形成自动化、智能化的大数据产品或者业务，进而形成大数据采集、反馈的闭环，自动智能地指导人类的活动、工业制造、社会发展等。但是，数据交易并没有这么简单，因为数据交易涉及以下问题：

（1）保护用户隐私信息问题。欧盟目前已经出台了苛刻的数据保护条例，还处在萌芽状态的中国大数据行业，如何确保用户的隐私信息不被泄露，是需要正视的重要问题，对于一些非隐私信息，比如，地理数据、气象数据、地图数据进行开放、交易、分析是非常有价值的，但是一旦涉及用户的隐私数据，特别是单个人的隐私数据，就会涉及道德与法律的风险。

数据交易之前的脱敏或许是一种解决办法，但是并不能完全解决这个问题，因此，一些厂商提出了另一种解决思路，基于平台担保的"可用不可见"技术。例如，双方的数据上传到大数据交易平台，双方可以使用对方的数据以获得特定的结果，比如，通过上传一些算法、模型而获得结果，双方都不能看到对方的任何详细数据。

（2）数据的所有者问题。数据作为一种生产资料，与农业时期的土地、工业时期的资本不一样，使用之后并不会消失。如果作为数据的购买者，这个数据的所有者是谁；如何确保数据的购买者不会再次售卖这些数据；或者购买者加工了这些数据之后，加工之后的数据所有者是谁。

（3）数据使用的合法性问题。大数据营销中，目前，用得最多的就是精准营销。数据交易中，最值钱的也是个人数据。人们日常分析做的客户画像，目的就是给海量客户分群、打标签，然后有针对性地开展定向营销和服务。然而，如果利用用户的个人信息（比如，年龄、性别、职业等）进行营销，必须事先征得用户的同意，才能向用户发送广告信息。

所以，数据的交易与关联使用必须解决数据标准、立法以及监管的问题，在未来，不排除有专门的法律，甚至专业的监管机构，如各地成立大数据管理局来监管数据的交易与使用问题。如果每个企业都只有自身的数据，即使消除了企业内部的信息孤岛，还有企业外部的信息孤岛。

### （三）大数据的渠道来源

在下一代的革命中，无论是工业 4.0（中国制造 2025）还是物联网（甚至是一个全新的协议与标准），随着数据科学与云计算能力（甚至是基于区块链的分布式计算技术）的发展，唯独数据是所有系统的核心。万物互联、万物数据化之后，基于数据的个性化、智能化将是一次全新的革命，将超越 100 多年前开始的自动化生产线的工业 3.0，给人类社会整体的生产力提升带来一次根本性的突破，实现从 0 到 1 的巨大变化。正是在这个意义上，这是一场商业模式的范式革命。商业的未来、知识的未来、文明的未来，本质上就是人的未来。而基于数据智能的智能商业，就是未来的起点。大数据的第一要务就是需要有数据。

关于数据来源，普遍认为互联网及物联网是产生并承载大数据的基地。互联网公司是天生的大数据公司，在搜索、社交、媒体、交易等各自的核心业务领域，积累并持续产生海量数据。能够上网的智能手机和平板电脑越来越普遍，这些移动设备上的 App 都能够追踪和沟通无数事件，从 App 内的交易数据（如搜索产品的记录事件）到个人信息资料或状态报告事件（如地点变更，即报告一个新的地理编码）。非结构数据广泛存在于电子邮件、文档、图片、音频、视频以及通过博客、维基，尤其是社交媒体产生的数据流中。这些数据为使用文本分析功能进行分析提供了丰富的数据源泉，还包括电子商务购物数据、交易行为数据、Web 服务器记录的网页点击流数据日志。

物联网设备每时每刻都在采集数据，设备数量和数据量都在与日俱增，包括功能设备创建或生成的数据，例如，智能电表、智能温度控制器、工厂机器和连接互联网的家用电器。这些设备可以配置为与互联网络中的其他节点通信，还可以自动向中央服务器传输数据，这样就可以对数据进行分析。机器和传感器数据是来自物联网所产生的主要例子。

这两类数据资源作为大数据重要组成部分，正在不断产生各类应用。比如，来自物联网的数据可以用于构建分析模型，实现连续监测（如当传感器值表示有问题时进行识别）和预测（如警示技术人员在真正出问题之前检查设备）。国外出现了这类数据资源应用的不少经典案例。还有一些企业，在业务中也积累了许多数据，如房地产交易、大宗商品价格、特定群体消费信息等。从严格意义上说，这些数据资源还算不上大数据，但对商业应用而言，却是最易获得和比较容易加工处理的数据资源，也是当前在国内比较常见的应用资源。

在国内还有一类是政府部门掌握的数据资源，普遍认为质量好、价值高，但开放程度差。许多官方统计数据通过灰色渠道流通出来，经过加工成为各种数据产品。《大数据纲要》把公共数据互联开放共享作为努力方向，认为大数据技术可以实现这个目标。

对于某一个行业的大数据场景，一是要看这个应用场景是否真有数据支撑，数据资源是否可持续，来源渠道是否可控，数据安全和隐私保护方面是否有隐患；二是要看这个应用场景的数据资源质量如何，能否保障这个应用场景的实效。对于来自自身业务的数据资源，具有较好的可控性，数据质量一般也有保证，但数据覆盖范围可能有限，需要借助其他资源渠道；对于从互联网抓取的数据，技术能力是关键，既要有能力获得足够大的量，又要有能力筛选出有用的内容；对于从第三方获取的数据，需要特别关注数据交易的稳定性。数据从哪里来是分析大数据应用的起点，如果一个应用没有可靠的数据来源，再好、再高超的数据分析技术都是无本之木。许多应用并没有可靠的数据来源，或者数据来源不具备可持续性，只是借助大数据风口套取资金。

### （四）大数据的关联分析

数据无处不在，人类从发明文字开始，就开始记录各种数据，只是保存的介质一般是书本，这难以分析和加工。随着计算机与存储技术的快速发展，以及万物数字化的过程（音频数字化、图形数字化等），出现了数据的爆发。而且数据爆发的趋势随着万物互联的物联网技术的发展会越来越迅速。同时，对数据的存储技术和处理技术的要求也会越来越高。大数据已经成为当下人类最宝贵的财富，怎样合理有效地运用这些数据，发挥这些数据应有的作用，是大数据将要做到的。

早期的企业比较简单，关系型数据库中存储的数据往往是全部的数据来源，这个时候对应的大数据技术也就是传统的 OLAP 数据仓库解决方案。因为关系型数据库中基本上存储了所有数据，往往大数据技术也比较简单，直接从关系型数据库中获得统计数据，或者创建一个统一的 OLAP 数据仓库中心。以淘宝为例，淘宝早期的数据基本来源于主业务的 OLTP 数据库，数据不外乎用户信息（通过注册、认证获取）、商品信息（通过卖家上传获得）、交易数据（通过买卖行为获得）、收藏数据（通过用户的收藏行为获得）。从公司的业务层面来看，关注的也就是这些数据的统计，比如，总用户数，活跃用户数，交易笔数、金额（可钻取到类目、省份等），支付宝笔数、金额，等等。因为这个时候没有营销系统，没有广告系统，公司也只关注用户、商品、交易的相关数据，这些数据的统计加工就是当时大数据的全部。

但是，随着业务的发展，比如，个性化推荐、广告投放系统的出现，会需要更多的数据来做支撑，而数据库的用户数据，除了收藏和购物车是用户行为的体现外，用户的其他行为（如浏览数据、搜索行为等）是不展示的。这里就需要引进另一个数据来源，即日志数据，记录用户的行为数据，可以通过 Cookie 技术，只要用户登录过一次，就能与真实的用户取得关联。比如，通过获取用户的浏览行为和购买行为，进而可以给用户推荐可能感兴趣的商品，基于最基础的用户行为数据做的推荐算法。这些行为数据还可以用来分析用户的浏览路径和浏览时长，这些数据是用来改进相关电商产品的重要依据。

移动互联网飞速发展，随着基于 Native 技术的 App 大规模出现，用传统日志方式获取移动用户行为数据已经不再可能，这个时候涌现了一批新的移动数据采集分析工具，通过内置的 SDK 可以统计 Native 上的用户行为数据。数据是统计到了，但是新的问题也诞生了，比如，在 PC 上的用户行为怎么对应到移动端的用户行为，这个是脱节的，因为 PC

上有 PC 上的标准，移动端又采用了移动的标准，如果有一个统一的用户库，比如，登录名、邮箱、身份证号码、手机号、IMEI 地址、MAC 地址等，来唯一标志一个用户，无论是哪里产生的数据，只要是第一次关联上来，后面就能对应上。

这就涉及一个重要的话题——数据标准。数据标准不仅用于解决企业内部数据关联的问题，比如，一个好的用户库，可以解决未来大数据关联上的很多问题，假定公安的数据跟医院的数据进行关联打通，可以发挥更大的价值，但是公安标志用户的是身份证，而医院标志用户的则是手机号码，有了统一的用户库后，就可以通过 ID-MApping 技术简单地把双方的数据进行关联。数据的标准不仅仅是企业内部进行数据关联非常重要，跨组织、跨企业进行数据关联也非常重要，而业界有能力建立类似用户库等数据标准的公司和政府部门并不多。

大数据发展到后期，企业内部的数据已经不能满足公司的需要。比如，淘宝想要对用户进行一个完整的画像分析，想获得用户的实时地理位置、爱好、星座、消费水平、开什么样的车等，用于精准营销。淘宝自身的数据是不够的，这个时候，很多企业就会去购买一些数据（有些企业也会自己去获取一些信息，这个相对简单一点），比如，阿里收购高德，采购微博的相关数据，用于用户的标签加工，获得更精准的用户画像。

## （五）大数据的技术架构

大数据技术包含各类基础设施支持，底层计算资源支撑着上层的大数据处理。底层主要是数据采集、数据存储阶段，上层则是大数据的计算、处理、挖掘与分析和数据可视化等阶段。

### 1. 各类基础设施的支持

大数据处理需要拥有大规模物理资源的云数据中心和具备高效的调度管理功能的云计算平台的支撑。云计算管理平台能为大型数据中心及企业提供灵活高效的部署、运行和管理环境，通过虚拟化技术支持异构的底层硬件及操作系统，为应用提供安全、高性能、高可扩展性、高可靠和高伸缩性的云资源管理解决方案，降低应用系统开发、部署、运行和维护的成本，提高资源使用效率。

云计算平台具体可分为三类：①以数据存储为主的存储型云平台；②以数据处理为主的计算型云平台；③计算和数据存储处理兼顾的综合云计算平台。

### 2. 数据的采集

足够的数据量是企业大数据战略建设的基础，因此，数据采集是大数据价值挖掘中的重要一环。数据的采集有基于物联网传感器的采集，也有基于网络信息的数据采集。比如，在智能交通中，数据的采集有基于 GPS 的定位信息采集、基于交通摄像头的视频采集、基于交通卡口的图像采集、基于路口的线圈信号采集等。而在互联网上的数据采集是对各类网络媒介的，如搜索引擎、新闻网站、论坛、微博、博客、电商网站等的各种页面信息和用户访问信息进行采集，采集的内容包括文本信息、网页链接、访问日志、日期和图片等。之后需要把采集到的各类数据进行清洗、过滤等各项预处理并分类归纳存储。

在数据量呈爆炸式增长的今天，数据的种类丰富多样，也有越来越多的数据需要放到分布式平台上进行存储和计算。数据采集过程中的提取、转换和加载工具将分布的、异构数据源中的不同种类和结构的数据抽取到临时中间层进行清洗、转换、分类、集成，之后加载到对应的数据存储系统，如数据仓库或数据集市中，成为联机分析处理、数据挖掘的基础。在分布式系统中，经常需要采集各个节点的日志，然后进行分析。企业每天都会产生大量的日志数据，对这些日志数据的处理也需要特定的日志系统。因为与传统的数据相比，大数据的体量巨大，产生速度非常快，对数据的预处理也需要实时快速，所以，在ETL的架构和工具选择上，也许要采用分布式内存数据、实时流处理系统等技术。

### 3. 数据的存储

大数据中的数据存储是实现大数据系统架构中的一个重要组成部分。大数据存储专注于解决海量数据的存储问题，它既可以给大数据技术提供专业的存储解决方案，又可以独立发布存储服务。云存储将存储作为服务，它将分别位于网络中不同位置的大量类型各异的存储设备通过集群应用、网络技术和分布式文件系统等集合起来协同工作，通过应用软件进行业务管理，并通过统一的应用接口对外提供数据存储和业务访问功能。

云存储系统具有良好的可扩展性、容错性，以及内部实现对用户透明等特性，这一切都离不开分布式文件系统的支撑。现有的云存储分布式文件系统包括 GFS 和 HDFS 等。此外，目前存在的数据库存储方案有 SQL、NoSQL 和 New SQL。SQL 是目前为止企业应用中最为成功的数据存储方案，仍有相当大一部分的企业把 SQL 数据库作为数据存储方案。

### 4. 数据的计算

面向大数据处理的数据查询、统计、分析、数据挖掘、深度学习等计算需求，促生了大数据计算的不同计算模式，整体上可以把大数据计算分为离线批处理计算和实时计算两种。

离线批处理计算模式最典型的应该是 Google 提出的 Map Reduce 编程模型。Map Reduce 的核心思想就是将大数据并行处理问题分而治之，即将一个大数据通过一定的数据划分方法，分成多个较小的具有同样计算过程的数据块，数据块之间不存在依赖关系，将每一个数据块分给不同的节点去处理，之后再将处理的结果进行汇总。

实时计算一个重要的需求就是能够实时响应计算结果，主要有两种应用场景：一种是数据源是实时的、不间断的,同时要求用户请求的响应时间也是实时的;另一种是数据量大,无法进行预算,但要求对用户请求实时响应的。实时计算在流数据不断变化的运动过程中实时地进行分析,捕捉到可能对用户有用的信息,并把结果发送出去。整个过程中,数据分析处理系统是主动的,而用户却处于被动接收的状态。数据的实时计算框架需要能够适应流式数据的处理,可以进行不间断的查询,同时要求系统稳定可靠,具有较强的可扩展性和可维护性。

### 5. 数据的可视化

数据可视化是将数据以不同形式展现在不同系统中。计算结果需要以简单、直观的方式展现出来,才能最终被用户理解和使用,形成有效的统计、分析、预测及决策,应用到生产实践和企业运营中。想要通过纯文本或纯表格的形式理解大数据信息是非常困难的,相比之下,数据可视化却能够将数据网络的趋势和固有模式展现得更为清晰。

可视化会为用户提供一个总的概览,再通过缩放和筛选,为人们提供其所需的更深入的细节信息。可视化的过程在帮助人们利用大数据获取较为完整的信息时起到了关键性作用。可视化分析是一种通过交互式可视化界面,来辅助用户对大规模复杂数据集进行分析推理的技术。可视化分析的运行过程可以看作是"数据—知识—数据"的循环过程,中间经过两条主线可视化技术和自动化分析模型。

大数据可视化主要利用计算机科学技术,如图像处理技术,将计算产生的数据以更易理解的形式展示出来,使冗杂的数据变得直观、形象。大数据时代利用数据可视化技术可以有效提高海量数据的处理效率,挖掘数据隐藏的信息。

## (六) 大数据的常用功能

如何把数据资源转化为解决方案,实现产品化,是人们特别关注的问题。大数据主要有以下较为常用的功能:

第一,追踪。互联网和物联网无时无刻不在记录,大数据可以追踪、追溯任何记录,形成真实的历史轨迹。追踪是许多大数据应用的起点,包括消费者购买行为、购买偏好、支付手段、搜索和浏览历史、位置信息等。

第二,识别。在对各种因素全面追踪的基础上,通过定位、比对、筛选可以实现精准识别,尤其是对语音、图像、视频进行识别,丰富可分析的内容,得到的结果更为精准。

第三,画像。通过对同一主体不同数据源的追踪、识别、匹配,形成更立体的刻画和更全面的认识。对消费者画像,可以精准地推送广告和产品;对企业画像,可以准确地判断其信用及面临的风险。

第四,预测。在历史轨迹、识别和画像基础上,对未来趋势及重复出现的可能性进行预测，当某些指标出现预期变化或超预期变化时给予提示、预警。以前也有基于统计的预测，大数据丰富了预测手段，对建立风险控制模型有深刻意义。

第五，匹配。在海量信息中精准追踪和识别，利用相关性、接近性等进行筛选比对，更有效率地实现产品搭售和供需匹配。大数据匹配功能是互联网约车、租房、金融等共享经济新商业模式的基础。

第六，优化。按距离最短、成本最低等给定的原则，通过各种算法对路径、资源等进行优化配置。对企业而言，提高服务水平，提升内部效率；对公共部门而言，节约公共资源，提升公共服务能力。

当前许多貌似复杂的应用，大都可以细分成以上类型。例如，大数据精准扶贫项目，从大数据应用角度，通过识别、画像，可以对贫困户实现精准筛选和界定，找对扶贫对象；通过追踪、提示，可以对扶贫资金、扶贫行为和扶贫效果进行监控和评估；通过配对、优化，可以更好地发挥扶贫资源的作用。这些功能也并不都是大数据所特有的，只是大数据远远超出了以前的技术，可以做得更精准、更快、更好。

## 二、大数据技术的研究热点

1997年5月，IBM深蓝击败国际象棋世界冠军；2011年，IBM沃森在美国著名智力竞赛中击败两名人类选手夺冠，其每秒扫描并分析数据量达4TB；2015年10月，谷歌的AlphaGo以5∶0击败了围棋欧洲冠军，成为第一个击败人类职业围棋手的电脑程序；2016年3月，AlphaGo对战职业九段选手李世石，并以4∶1的总比分获胜。在各种人机对战的背后，是人类与海量数据处理能力的竞赛。人脑容量有限，计算能力有限，与计算能力可以无限扩展的计算机相比，终究要失败。

任磊（2014）认为数据分析过程是机器和人相互协作与优势互补的过程，基于此提出大数据研究的两个方向：一是强调计算机、人工智能的分析处理能力，重点研究大规模数据处理技术、智能挖掘算法等；二是强调人机交互、主体认知、主体需求等，重点研究机器认知能力、机器感知能力等。当前，大数据相关的研究热点主要有社会计算、深度学习、可视化等（程学旗，2014）。

### （一）社会计算

社会计算是一门位于现代计算技术与社会科学之间的交叉学科。大数据时代，智能终端、社会媒体对人们信息交互、信息传播、信息获取的方式产生深刻影响，人与人通过虚拟网络传播信息，个体成为信息中转节点，既负责信息接收，又负责信息发布，从而形成空前宽度、深度和规模的社会网络，大数据支撑下的社会网络一般具有体量庞大、关系异质、结构复杂、尺度多变和动态演化等特征，对社会科学研究人员来说是重大机遇。社会网络研究的重点有社会网络结构特征、社会网络演化模型、社会网络信息传播模型以及基于社会媒体的众包服务、群体智慧、舆情分析、群体行为、人际关系挖掘等，在社会行为、疾病扩散、恐怖组织发展、在线社区网络等方面都有研究。

## （二）深度学习

深度学习是机器学习的一种实现方法，是神经网络理论发展的重要突破。深度学习相对于浅层学习而言，其主要区别在于神经网络中浅层节点的数量。一般来讲，可以认为将神经网络理论的发展划分为四个阶段，每一阶段都有一些代表性的学习算法。

第一阶段是兴起阶段：20 世纪 60 年代，主要算法为感知机模型。感知机模型相对简单，输入是人工预先选择好的特征，输出是预测的分类结果。感知机模型的缺点在于对线性函数的学习较好，对非线性分类问题的处理明显不足。

第二阶段是发展阶段：20 世纪 80 年代中期，反向传播算法（BP 算法）被提出，多层结构的神经网络模型出现，相比感知机而言，BP 算法能够建立更复杂的数学模型，表达能力更加丰富，但由于其基于统计的数学机理，其进一步的发展受到了很大制约。

第三阶段是停滞阶段：20 世纪 90 年代开始，机器学习领域的其他算法相继提出，并且在理论和应用方面都取得了很大的成功，比如，支持向量机、核机器、Boosting、最大熵方法、图模型等，该时期的神经网络理论发展较慢，相关研究也逐渐淡化。

第四阶段是快速发展阶段：伴随着互联网、大数据技术的快速发展，神经网络理论引起重视。特别是人们通过使用深层神经网络实现了数据的降维进行论述，再次提出深度学习理论，引起了科学领域的广泛关注。"深度模型"是深度学习实现的手段，"特征学习"是深度学习要达到的目的，其实质在于通过构建多隐层神经网络模型，使机器具备学习特征的能力，进而在预测分析方面有所提高。

深度学习当前大数据技术主要研究热点之一，不仅在图像处理、语音识别以及自然语言理解等领域应用广泛，而且还取得了很大突破。

## （三）可视化分析

图片具有丰富的表达能力，人类通过视觉获得的信息占很大一部分，甚至能达到 80% 以上。人类的创造性与逻辑思维、形象思维均有密切关系。人类通过形象思维实现了数据与形象符号的转换，从而帮助人类发现各种问题。而可视化正是形象思维的一种有效实现方式。可视化泛指利用信息技术（包括计算机图形、图像、人机交互、认知科学、数据挖掘等）对数据、信息、知识的内在结构进行显示，使用户对数据形成感性认识和形象思维。可视化与计算机相关技术的发展密切相关。20 世纪 50 年代，计算机创造出了图形图表，1986年，在美国的一次图形、图像处理研讨会上，科学家提出"科学计算可视化"。1987年，美国国家科学基金会报告进一步强调了科学计算的可视化。20世纪90年代初期，信息可视化逐渐流行。

根据研究对象的不同，可视化技术一般可以分为科学计算可视化、数据可视化、信息可视化、知识可视化等。数据可视化技术是指运用计算机相关技术将数据以图形或图像的形式进行表达，并利用数据分析和开发工具发现其中未知信息的交互处理的理论、方法和技术，可以简单理解为数据的图形化表达，常见的有饼状图、条状图、曲线图等。信息可视化是指通过计算机技术对数据、关系等进行交互、可视化表达，进而提高人们理解能力，信息可视化主要是对数据中隐含的信息、知识和规律的可视化表达。面向科学及工程测量的、具有几何性质或结构特征的数据，利用计算机图形学、图像处理等技术三维或动态地模拟及展示数据真实的场景，主要针对某些数学模型的结果或者是大型数据集。知识可视化是信息可视化的进一步发展，主要用于复杂知识的表达、传播、复用等。

在大数据时代，可视化技术应用场景更加广泛，图形、图像对用户理解体量大、结构复杂的数据集具有很大作用，更容易发现价值和规律。信息可视化在文档、关系、语音、视频数据等方面应用广泛，科学可视化主要在物理、化学、天文、地理、地质勘探、生物医学等领域有广泛研究。大数据可视化同样面临技术大挑战，特别是在原位分析、交互与用户界面、大规模数据可视化等方面。

## 三、信息技术在农业领域的应用

随着信息技术的不断发展，计算机技术农业应用也呈现出不同的形式，可以将计算机技术农业应用大致划分为电脑农业、数字农业、精准农业和智慧农业等四种模式，见表5-1[①]。

**表5-1 计算机技术农业应用模式对比**

|  | 电脑农业 | 数字农业 | 精准农业 | 智慧农业 |
| --- | --- | --- | --- | --- |
| 时间 | 20世纪80年代中期 | 20世纪90年代 | 21世纪初 | 当今 |
| 主要目标 | 农业科技知识传播 | 农业生产过程数字化 | 提高资源利用率 | 农业生产智能化 |
| 主要技术 | 知识库、电脑模拟、智能推理、人机交互 | 数字化设计、可视化表达和智能化控制 | 3S技术、智能装备、智能控制等 | 物联网技术、传感网、移动通信、云计算等 |

---

① 本节图表引自郭雷风. 面向农业领域的大数据关键技术研究 [D]. 北京：中国农业科学院，2016：15.

续表

|  | 电脑农业 | 数字农业 | 精准农业 | 智慧农业 |
| --- | --- | --- | --- | --- |
| 代表产品 | 小麦种植专家系统，植保专家系统 | 玉米智能模拟，数字果园 | 精准播种、精准施肥、精准灌溉、精准收获等 | 智慧牧场、智慧农场、智慧渔场等 |

## （一）电脑农业

电脑农业的实质是农业专家系统的应用。专家系统是一种具有推理和分析功能的特殊计算机软件，能在某一个具体领域达到人类专家的水平。在农业领域，针对现有的作物生长提供专家系统服务，专家系统会集成作物管理决策，包括灌溉、营养、施肥、杂草控制、害虫控制等。通过专家系统，可以让普通农民具有专家的水平。电脑农业的代表性产品是各种农业专家系统，主要技术包括知识库、电脑模拟、智能推理、人机交互等。在逐渐发展的过程中，目前，农业专家系统已覆盖蔬菜生产、果树管理、作物栽培、花卉栽培、畜禽饲养、水产养殖、牧草种植等领域。

## （二）数字农业

数字农业是数字地球和数字中国的重要组成部分，其主要特征是各种农业活动的数字化表达。未来农业的各个阶段都将被数字化地集成在一起，从基因表达到运输保障等，通过数据采集、数据传输、数据处理、数字控制实现农业生产活动的数字化、网络化、自动化。

数字农业的框架包括：基本的农业数据库，包括农场土地、土壤资源、气候条件、社会经济背景等，从而使农业活动与社会紧密联系在一起；实时的信息采集系统，主要用于监测农业活动和更新采集到的数字信息，采集系统采集的内容包括气象、植被、土壤等；数字网络传输系统，主要用于接收和分发各种信息；基于地理信息系统（GIS）、农业模型、专家系统的中央处理系统，用于分析采集的信息并做出精准决策，将控制命令发送给数字化的农业机械。数字农业能够对作物生长状态动态监测、提供土壤结构数据、水资源数据、疾病数据、气候数据以及其他重要信息。通过数字农业可以实现农业各个环节的数字化表达、管理、分析。

## （三）精准农业

精准农业当前的主要理念在于，对于一个农场或地块，定义大量的管理域，针对不同管理域制订不同的作物生长方案，并通过智能机械自动操作。精准农业通过以下四个阶段的过程来监测土地的空间变量：

第一，地理定位数据。定位地块让农民能够叠加采集到的土壤、剩余氮、土壤电阻等数据，一般通过车载的GPS接收器或航空、卫星图像实现。

第二，特征变量数据。包括气候条件（冰雹、干旱、雨等）、土壤（纹理、深度、氮水平）、植被状态（是否免耕）、杂草与病害等，以上数据通过气象站、各种传感器获取。

第三，决策支持。根据土壤地图来进行决策。①预测性决策方法，根据作物生长周期内的土壤、土地等静态指标进行分析决策；②现场控制方法，根据采样、遥感、近端检测、航空卫星遥感等采集的数据进行决策。

第四，实施控制阶段，通过定位系统、地理信息系统结合智能控制技术，对播种机、除草机、施肥机、喷药机、收割机等农业机械进行控制，开展农业生产活动。

精准农业显著减少了氮素等其他农作物投入品的使用，同时提高了产出，对于推动农业可持续发展产生了积极作用。

## （四）智慧农业

自智慧地球被提起之后，各种智慧体风起云涌，智慧城市、智慧家居、智慧海洋、智慧交通等不胜枚举。智慧农业是智慧地球的一部分，其最主要根源在于嵌入式技术的快速发展，通过微型处理系统，现实世界的各种物体都将具有智慧，能够自动采集各种数据，能够对数据进行处理和分析，能够与其他物体进行交流与通信。在卫星和传感技术的帮助下，农业生产装备能够自动从事农业生产，并且尽量高效地利用种子、化肥、除草剂等，然而，这种最优化很快就达到了极限。

智慧农业是将这些独立的系统融入一张信息物理网络系统中（CPS），更加强调系统性（从整个系统的角度进行决策）、智能化（根据需求来实现控制功能）、自动化（无须人工参与即可完成相关工作）从而再次提高生产效率。智慧农业一般由以下部分构成：

第一，环境感知设备，比如，温湿度传感器、土壤传感器、气体传感器等，通过传感器实现对基础数据的采集。

第二，网络传输设备，主要由无线Wi-Fi、ZigBee网络等组成，其功能大致是负责采集信息的传输与控制命令的传达、不同设备之间的通信。

第三，决策支持中心，以云计算等为主要技术构建的用于数据存储、数据处理、决策分析的平台，负责对整个系统的智能决策，汇集各种基础数据，然后做出决策，并发出控制指令。

第四，终端执行设备，比如，温室大棚中的卷帘机、喷水机、加湿机等，决策支持中心可以对各种终端执行设备发布命令，驱动设备运行，对温室环境进行调节。

## 四、大数据核心技术在农业领域的研究进展

从各大 IT 公司的大数据处理流程来看，基本上可以分成数据获取、数据存储、数据分析处理和数据服务应用等环节。农业作为信息技术的应用部门，其生产、流通、消费、市场贸易等过程，分别融入大数据的流程之中，根据大数据的获取、分析处理和服务应用等方面开展了大量集成创新，取得了重要研究进展。

### （一）大数据获取技术

根据农业大数据来源的领域分类，大致可以分为农业生产数据、农业资源与环境数据、农业市场数据和农业管理数据。针对不同领域的农业大数据，大数据获取技术主要包括感知技术（传感器、遥感技术等）、识别技术（RFID、光谱扫描、检测技术）、移动采集技术（智能终端、App）等。

第一，感知技术主要是从不同尺度感知动植物生命与环境信息。在地域范围，重点考虑对地观测的资源宏观布局，需要遥感、便携式 GPS 面积测绘仪、农业飞行器等；在区域范围，重点考虑动植物生长信息的时空变异性，需要基于 WebGIS 的动植物生长信息的动态检测平台等；在视域范围，重点考虑动植物生态环境的复杂性，需要动植物营养、病害及周围环境污染信息的采集测试传感器；在个域范围，重点考虑动植物信息探测中环境因素干扰，需要动植物营养病害快速无损测试仪、活体无损测量仪等。

第二，识别技术主要是针对农产品质量安全开展监测。包括食品安全溯源的 RFID 技术，主要保证农产品原料、加工、销售全环节的追踪可溯。农产品质量安全快速无损检测技术，主要是应用红外光谱、X 射线、计算机视觉等无损检测技术在农产品品质分析、产地环境监测、农业投入品评价和商品流通监控等环节应用。

第三，智能移动采集技术主要针对农产品市场、营销、管理信息的采集。如采集农产品价格信息，农业管理信息系统的应用等。

传统的大数据获取技术在材料选择、结构设计、性能指标上相对单一，如种植业中的传感技术只能测量气温、湿度、$CO_2$ 等信息，而随着物联网技术的发展，其传感器材料已经从液态向半固态、固态方向发展，结构更加小型化、集成化、模块化、智能化；性能也向检测量程宽、检测精度高、抗干扰能力强、性能稳定、寿命长久方向发展，目前研发的一些传感器已经可以用来监测植物中的冠层营养状态、茎流、虫情等。未来中国的大数据获取技术改进的重点将是在信息技术与农业的作物机理、动物的行动状态和市场的实时变化紧密结合，将在提升信息获取的广度、深度、速度和精度上突破。

## （二）大数据分析处理技术

在大数据环境下，由于数据量的膨胀，数据深度分析以及数据可视化、实时化需求的增加，其分析处理方法与传统的小样本统计分析有着本质的不同。大数据处理更加注重从海量数据中寻找相关关系和进行预测分析。例如，谷歌做的流行病的预测分析，亚马逊的推荐系统，沃尔玛的搭配销售，都是采用相关分析的结果。数据分析技术在经历了商务智能、统计分析和算法模型之后，目前进入了大平台处理的阶段，主要是基于 Map Reduce[①]、Hadoop[②] 等分析平台，同时结合 R[③]、SAS[④] 等统计软件，进行并行计算。近年来，内存计算逐渐成为高实时性大数据处理的重要技术手段和发展方向。它是一种在体系结构层面的解决办法，它可以和不同的计算模式相结合，从基本的数据查询分析计算到批处理和流式计算，再到迭代计算和图计算。

在农业领域，数据处理正从传统的数据挖掘、机器学习、统计分析向着动植物数字化模拟与过程建模分析、智能分析预警模型系统等演进。在生物学领域，大数据的分析作用已经凸显，基因测序、数字育种已经采用了大数据算法和模型；作物模型方面，国际上获得广泛认可的通用作物生长模型有美国农业技术转移决策支持系统（DSSAT）系列，澳大利亚农业生产系统模拟器（APSIM）系列，联合国粮食及农业组织的水分驱动模型（AQUACROP）等。在植物数字化模拟方面，国际上已经有了 OpenAlea（植物生理建模和仿真框架）、GroIMP（3D 建模平台）、VTP（VLAN 中继协议，也被称为虚拟局域网干道协议）等用于植物建模和分析的开源项目。农产品市场监测预警模型系统方面，具有代表性的是经合组织和联合国粮农组织（OECD-FAO）的 AGLINK-COSIMO 模型、FAO 全球粮食和农业信息及预警系统（GIEWS）、美国农业部（USDA）的国家-商品联系模型与美国粮食和农业政策研究所（FAPRI）的 FAPRI 模型和中国农业科学院农业信息研究所的 CAMES 模型等。

总体来看，由于农业生产过程发散，生产主体复杂，需求千变万化，与互联网大数据相比，针对农业的异质、异构、海量、分布式大数据处理分析技术依然缺乏，今后农业大数据的分析处理应该将信息分析处理技术与农业生理机理关键期结合、市场变化过程紧密

---

① Map Reduce 最早是由 Google 公司研究提出的一种面向大规模数据处理的并行计算模型和方法，面向大数据并行处理的计算模型、框架和平台。

② Hadoop 是一个由 Apache 基金会所开发的分布式系统基础架构。用户可以在不了解分布式底层细节的情况下，开发分布式程序，充分利用集群的威力进行高速运算和存储。

③ R（统计应用软件）是一种用于统计计算与绘图的编程语言，由新西兰奥克兰大学的统计学家罗斯·伊哈卡和罗伯特·杰特曼于 1993 年 8 月发明，现由 R 基金会与 R 核心小组主持开发。

④ SAS（全称 Statistical Analysis System，简称 SAS）是全球最大的私营软件公司之一，是由美国北卡罗来纳州立大学 1966 年开发的统计分析软件。

结合。

## (三) 大数据服务应用技术

目前，大数据服务技术已在互联网广告精准投放、商品消费推荐、用户情感分析、舆情监测等广泛应用。在农业上，随着农业部"信息进村入户"工程、"物联网区试工程"、12316热线、国家农业云服务平台等的建设和推动，中国的农业信息服务体系逐步得到完善，"三农"对信息的需求也更加迫切。

国际上有关农业信息服务技术的研究主要集中在农业专家决策系统、农村综合服务平台和农业移动服务信息终端、农业信息资源与增值服务技术以及信息可视化等方面。

近些年来，国内先后开展了智能决策系统、信息推送服务、移动终端等。在大数据时代，针对农业产前、产中、产后各环节的关联，开发大数据关联的农业智能决策模型技术；针对大众普遍关注食品安全的状况，开发大数据透明追溯技术；针对农民看不懂、用不上等问题，结合移动通信技术、多媒体技术，开发兼具语音交互、信息呈现、多通道交互的大数据可视化技术。

# 第二节　大数据推动农业现代化的应用成效

大数据的应用，一方面可以全息立体反映客观事物，洞悉全样本数据特征，促进事物之间的深度耦合，提升效能；另一方面是通过数据间的关联特征，预测事物未来发展趋势，增强预见性。目前，从农业生产、经营、消费、市场、贸易等不同环节来看，大数据在精准生产决策、食品安全监管、精准消费营销、市场贸易引导等方面已经有了较为广泛的应用。

## 一、发挥耦合效应，提升精准生产决策

大数据的作用不仅仅在于更好地发现自身价值，还在于帮助其他要素更好地认识自身，发挥要素间耦合作用，提升他物价值，促进"价值双增"。国内外在改变农业粗放生产上，围绕气象预报、水肥管理、作物育种、病虫害预报、高效养殖等方面已经开展了大量的应用。美国天气意外保险公司利用250万个采集点获取的天气数据，结合大量天气模拟、海量植物根部构造和土质分析等信息对意外天气风险做出综合判断。泰国、越南、印度尼西亚等国基于遥感信息与作物保险的监测计划在水稻上得到广泛应用，通过采用欧洲航天局卫星实时获取水稻的生长数据，进行生长跟踪、产量预测。美国农业部研究所开始在部分农场采用高光谱航空遥感影像和地面观测数据结合的方式进行面状病虫害监测，利

用全球的病虫害数据发现害虫的传播规律。国际种业巨头如美国杜邦先锋、孟山都、圣尼斯公司及瑞士先正达等纷纷采用现代信息技术开展智能育种，加快"经验育种"向"精确育种"的转变。在英国，大多数的养牛、养猪和养鱼场都实现了从饲料配制、分发、饲喂到粪便清理、圈舍等不同程度的智能化、自动化管理。

## 二、跟踪流通全程，保障食品安全质量

大数据技术的发展使得全面、多维感知农产品流通成为可能。目前，技术层面上，在产地环境、产品生产、收购、储存、运输、销售、消费全产业链条上，物联网、RFID技术得到广泛应用，一批监测新技术如"食品安全云"和"食安测"等应用软件陆续开发；制度层面上，中国利用大数据开展食品安全监管的力度不断加强，国务院新出台了《关于运用大数据加强对市场主体服务和监管的若干意见》，明确提出建立产品信息溯源制度，对食品、农产品等关系人民群众生命财产安全的重要产品加强监督管理，利用物联网、射频识别等信息技术，建立产品质量追溯体系，形成来源可查、去向可追、责任可究的信息链条，方便监管部门监管和社会公众查询；商业层面上，阿里巴巴、京东商城等电商企业利用大数据保障食品溯源。

## 三、挖掘用户需求，促进产销精准匹配

传统的农业发展思维更多关注生产，在乎的是够不够吃的问题，而在消费结构升级的情况下，应该转向怎么才能吃得健康，吃得营养。大数据在这方面正在驱动商业模式产生新的创新。利用大数据分析，结合预售和直销等模式创新，国内电商企业促进了生产与消费的衔接和匹配，给农产品营销带来了新的机遇。未来还可以将食品数据，与人体的健康数据、营养数据连接起来，这样可以根据人体的健康状况选择适当的食物。

## 四、捕捉市场信号，引导市场贸易预期

市场经济中最重要的是信息，利用信息引导市场和贸易有助于控制国际市场话语权和掌握世界贸易主导权。以美国为例，其收集信息、利用信息的做法值得借鉴。19世纪60年代，为了弥补农村市场中出现的信息不对称，美国农业部在全国雇用了几万名监测员，形成了一个农情监测网络，每月定期发布各种农产品的交易情况和价格波动，同时通过免费邮寄、张贴海报的方式把信息送到各大农场。时至今日，美国已经形成了一套庞大、规范的农业信息发布体系，其定期发布的年度《农业中长期展望报告》、月度《世界农产品

供需预测报告》和周度《农作物生长报告》，成为引导全球农产品市场变化的风向标。

与发达国家相比，中国的信息发布和数据利用仍有很大前进空间。2003年起，农业部推出《农业部经济信息发布日历》制度，主要发布生产及市场经济信息。2022年4月20日，农业农村部市场预警专家委员会、中国农业科学院等单位联合发布《中国农业展望报告（2022—2031）》，《报告》介绍了稻米、小麦、大豆等18种主要农产品2021年市场形势，对2022年和未来10年主要农产品的生产、消费、贸易、价格走势进行展望。在中国成为世界农产品进口大国的背景下，如何有效利用信息，把握市场和贸易话语权和定价权是必须修炼的功课。

# 第三节　农业大数据与现代农业经济管理

## 一、农业大数据及其特征

在农业经济管理过程中，通过发挥大数据的作用，树立新的农业经济管理理念，提高农业经济管理技术，完善管理方法和手段等，该科学技术实践就是农业大数据。在农业经济发展过程中，农业大数据可应用于各个环节，例如，播种、施肥和耕地等。从本质角度来看，对农业生产相关跨行业和跨业务数据进行可视化分析以及研究，为农业生产提供有效数据，并提供充分的信息支撑，这就是农业大数据应用的体现。

农业大数据把农业和大数据这两者紧密结合在一起，把大数据应用于农业行业，从而推动国家农业的发展。农业大数据主要包括以下特征：

第一，全面的数据信息。发挥农业大数据的作用，把农业生产中的所有要素以及市场情况等相关因素收集起来，为农业大数据运营提供重要参考和借鉴。

第二，多元化类型。农业大数据把农业生产环境内外各类信息结合在一起，其信息种类丰富多样，包括相关生产要素统计数据、媒体和区域信息以及投资信息等。

第三，价值化信息。大数据能够把多元化的信息进行详细筛选和收集，将其中有价值的信息筛选出来之后，并及时反馈到经济管理中，从而提高经济管理的效率。

## 二、农业大数据在农业经济管理中的作用

### （一）推动农业经济的科学发展

自古以来，我国农业始终在国家经济以及社会发展中扮演着重要的角色。作为一个农

业大国，我国农业经济发展和每一个人的生活都具有紧密的联系，农业生产给广大人民群众提供了他们日常生活中所需的粮食，同时也为社会上其他产业发展奠定了坚实的基础。

在农业生产中，最重要的影响因素是自然环境，例如，土壤、温度、湿度等，且自然环境中涉及的所有因素控制难度较大，一般情况下都是不可控的。因此，自然环境总是会给农业生产经营产生巨大影响。通过了解我国传统农业发展情况后发现，农业生产主要依靠已有的农业经验，而传统农业生产模式难以满足社会发展的需求，要推动农业生产转型升级，就必须使用现代化生产管理方式和技术。

当前，大数据应用于各个行业，且对农业发展产生了重要影响，同时现代农业发展也对生产经营等各方面提出了更高要求，因此，在农业生产的每一个环节，通过发挥大数据作用，详细记录所有的生产情况，监督管理每个环节的农业大数据，最终可以推动整个行业的升级和转型。

此外，通过分析农业大数据，农户以及企业都能够及时了解农业生产情况，以及对未来做出准确预测，从而减少行业亏损，并提高经济收益。在农作物生产中，通过使用现代化机械，有利于提高农作物产量，改善生产效率等。总而言之，农业大数据对农业经济的发展是非常有利的，能够推动其科学发展。

### （二）完善农业产业结构

在传统农业生产过程中，大部分工作人员对于现代化高精技术的应用一无所知，而且从未考虑过使用新型技术来推动农业生产，该现状导致农业生产效率低。此外，农业企业在生产经营中，自然、市场环境等各方面因素都会影响并加以作用在生产环节中，从而引发各种问题。例如，传统农业生产活动中，种植的农作物往往是比较单一的，种植方式也比较传统，农户以及企业对市场不够敏感，缺乏长期规划，这影响了生产效率，降低了市场竞争力，减少了企业利润。

而通过发挥农业大数据的作用，他们可以及时了解行业发展情况，并且预测行业的发展方向，从而对当前的运营方式以及种植模式等进行调整和完善，有利于丰富农产品的种类，提高农业生产力，促进销售方式的优化等，从而使得农业产业结构从整体上得到优化，这对于推动农业经济的可持续发展是非常有利的。

### （三）做出科学农业决策

当前，我国正在推动农业生产经营方式的转型。传统的生产模式难以满足生产需求，大部分作业都是通过人力资源完成，人工操作影响工作效率，并且会增加出错率，从而影响生产者的收入。近年来，由于我国城市化进程不断加快，所以，大量农村地区的劳动者涌入城市，尤其是农村地区的青壮年，这在一定程度上为农业生产技术的研究注入了更多活力，而要推动农业经济发展，科学的农业决策也是必不可少的。通过发挥农业大数据的作用，政府能够完善各方面决策，例如，提高科研工作者的薪资待遇，提高农业科技成果的奖励度，使得科技在农业发展中的使用率更高。同时，通过使用农业大数据，相关部门和工作主体除了能够了解当前的现状外，也可以对外部环境进行准确预测，对农作物生长数据进行分析和研究，从而培育更优质的品种。

### （四）对生产进行准确预测

随着农业经济的发展，社会上涉农企业数量不断增长，其具体类型包括四个方面，分别为提供生产资料和服务的企业、提供农产品的企业、农产品加工企业，以及农产品流通的企业。无论是哪种类型的企业，他们的发展都有利于促进国家农业经济发展，例如，农产品流通企业创建了丰富多样的产品销售渠道，这帮助生产者获得了更多经济效益。农业生产链中，农产品代加工行业是非常关键的环节，而这也为企业提供了更充分的劳动力岗位，这些企业的发展推动了整个市场的进步。随着这些企业的不断壮大，无论是市场发展还是技术加工，都受到了一定程度的影响，市场竞争力有所下滑。

随着国家经济的不断进步，涉农企业各方面的问题也越来越突出，例如，生产程序、生产技术以及市场信息的掌握等。而农业大数据出现后，作为涉农企业的管理人员，他们可以通过分析大数据，监督、管理农业生产，并且掌握农业数据，及时了解市场情况，对加工工序进行优化和完善。

## 三、农业大数据在农业经济管理中的应用

### （一）构建农业大数据信息化平台

为能够有效促进农业大数据的深入发展，加快农业数据信息整合的步伐，利用互联网平台开放性和共享性的特点，助力农业大数据在农业管理和生产中的推广，对传统农业发展模式进行创新性发展，对农业生产产业体系进行完善，增强农业经营水平，使其能够全面地服务于农业发展，并尽可能地发挥自身作用。从多个角度着手，优化整合农产品资源，建立科学合理的农业产品数据库，加强国家和地方政府对农产品生产和经营的掌握，引进先进的科学技术对农产品数据进行检测分析，实时监控并分析农产品信息，进一步促进相关信息和资源的共享以及传递，不断完善和充实农业数据库，切实落实现代化农业各方面资源的共建共享工作。在农业数据信息资源实现共享的背景下，通过对农业信息进行监测和整合，从而实现对农业信息资源的有效处理。

现阶段，依据市场的需求，对农产品进行特色化的改造，以此打造出符合消费者需求

的产品。通过收集和分析国内外农业市场消费者的需求，依据具体要求制订相关农业发展计划，生产符合社会发展的农产品。充分利用互联网的优势，对农产品市场存在的潜在风险进行预测和监控，预先制订好相关风险事件的解决方案，提高农产品相关人员的风险应急能力，有效地避免农产品市场出现意外事件的发生。

此外，政府相关部门应当及时发布农业市场信息，同时利用互联网对农业市场进行实时监测，掌握农业市场的价格信息，确保农业市场的工作顺利进行。同时通过成立相关农业社会服务组织，为农民和相关农业经营户提供准确的市场信息以及农作物种植技术，这有助于提高农民对农产品市场信息把握的准确性，以及帮助农民更好地掌握农产品的种植和培育方法。充分利用互联网技术，降低信息多样性导致农业生产结构的同一性和时限性。

## （二）完善现代化农业生态体系

在新时代的背景下，现代化农业需要借助互联网平台进行信息化发展，对农业信息进行整合和处理，实现农产品质量和产量的提高，以此打造现代化农业新生态、新模式、新产品的格局。借助互联网大数据技术，对社会上制造业、金融业、农业等多个行业实施多层面全方位的布局，并对收集的信息进行处理和分析，利用相关有效信息对农业发展进行技术支持，以满足解决农业发展中出现的问题。在农业土地所有权的交易过程中，土地作为商品，通过先进的信息化技术实现土地的交易，并确保交易过程中的公平公正，从而实现土地交易向积极方向发展。借助农业大数据技术，农民可以实时掌握农业行业相关信息，提高农作物的产量和生产效率，掌握农作物价格，实现农产品效益最大化。因此，构建完善的现代化农业生态体系，有效促进农业大数据与农业经济管理的融合，助力农业发展。通过农业大数据技术，农业从业人员能够准确掌握农作物的种植和培育信息，有利于精准农业的实施。

此外，对土地情况进行科学性检测和分析并结合农作物特点，实现农作物的科学种植，有效促进农作物的生产培育。随着科技的不断发展，实现科技与农产品有效结合，将创新放在首要位置，不断探索农业发展新模式，提高农产品的质量和产量，实现农产品绿色化、生态化的发展，从而满足广大人民对农产品的多样化需求。

## （三）推动农业经济可持续发展

在农业经济管理过程中，通过使用农业大数据，可以帮助农户减少其种植成本，进一步增加农产品的产量，同时提高农产品的质量，最终提高农户的经济效益，不仅如此，还有利于保护农业生态环境，使得耕地污染率下降，农业生产水资源利用率提高。所以，建设农业大数据至关重要，通过完善农业大数据，强化农业大数据建设，促进传统耕种模式的转型和升级，提高自然资源的使用效率，充分利用区域地势条件及气候条件等，给农户提供丰富多样的种植方案。

此外，把上传的数据和预测数据结合在一起，或把当地地理数据和气候数据融为一体等，利用农业管理数据库整合农业生产方面的相关信息和资源，为广大农户进行农业生产提供重要参考和借鉴，提高其生产管理效率。通过建设农业大数据减少农户的化学产品使用量，同时培育更多的新品种，在提高产量的同时，改善农产品质量，为推动农业经济可持续发展奠定坚实的基础。

# 第六章　大数据时代下智慧农业经济发展

智慧农业是未来农业发展的趋势，大数据技术的科学应用，能为智慧农业良好发展起到促进作用。本章主要探究智慧农业及其应用领域、智慧农业发展的必要性与思路、大数据驱动智慧农业经济发展。

## 第一节　智慧农业及其应用领域

### 一、智慧农业的内涵与特征

#### （一）智慧农业的内涵阐释

"作为一种现代农业技术变迁成果的集成模式，智慧农业赋予了农业生产更多的可能性。发展智慧农业既是实现农业农村现代化的题中之义，也是应对气候变化，推动可持续发展的必然要求。"[①] 广义的智慧农业，是指将云计算、传感网等多种信息技术在农业中综合、全面地应用。广义的智慧农业实现了更完备的信息化基础支撑、更透彻的农业信息感知、更集中的数据资源、更广泛的互联互通、更深入的智能控制、更贴心的公众服务。广义范畴上，智慧农业还包含农业电子商务、食品溯源防伪、农业休闲旅游、农业信息服务等方面。它是将云计算、传感网等现代信息技术应用到农业生产、管理、营销等各个环节，实现农业智能化决策、社会化服务、精准化种植、可视化管理、互联网化营销等全程智能管理的高级农业阶段，还是一种融物联网、移动互联网和云计算等技术为一体的新型农业业态，它不仅能有效改善农业生态环境，提升农业生产经营效率，还能彻底转变农业生产者、消费者的观念。

狭义的智慧农业，就是充分应用现代信息技术成果，集成应用计算机与网络技术、物

---

[①] 袁祥州，黄恩临. 欧盟智慧农业发展经验及其借鉴［J］. 世界农业，2022（5）：27.

联网技术、音视频技术、无线通信技术及专家智慧与知识,实现农业可视化远程诊断、远程控制、灾变预警等智能管理的农业生产新模式。智慧农业是农业生产的高级阶段,它融互联网、云计算和物联网技术为一体,依托部署在农业生产场地的各种传感节点(环境温湿度、土壤水分、二氧化碳、图像等)和无线通信网络实现农业生产环境的智能感知、智能预警、智能分析,为农业生产提供精准化种植、可视化管理、智能化决策。

### (二)智慧农业的基本特征

现代农业相对于传统农业,是一个新的发展阶段和渐变过程。智慧农业既是现代农业的重要内容和标志,也是对现代农业的继承和发展。智慧农业的基本特征是高效、集约,核心是信息、知识和技术在农业各个环节的广泛应用。智慧农业是一个产业,它是现代信息化技术与人类经验、智慧的结合及其应用所产生的新的农业形态。在智慧农业环境下,现代信息技术得到充分应用,可最大限度地把人的智慧转变为先进的生产力。智慧农业将知识要素融入其中,实现资本要素和劳动要素的投入效应最大化,使得信息、知识成为驱动经济增长的主导因素,使农业增长方式从依赖自然资源向依赖信息资源和知识资源转变。因此,智慧农业也是低碳经济时代农业发展形态的必然选择,符合人类可持续发展的愿望。

## 二、智慧农业的应用领域

### (一)智慧生产

农业生产是整个农业系统的核心,它包括生物、环境、技术、社会经济四个生产要素。农业数学建模可以表现农业生产过程的外在关系和内在规律,在此基础上建立的各种农业系统,可使生产的产品更安全、更具竞争力,减少了生产过程资源的浪费,降低了环境的污染。同时,新兴的各项技术还被应用于传统大宗农作物,并且我们据此开发了作物全程管理等多种综合性系统,这些系统操作简单、明了,被应用在经济作物、特种作物上,方便了广大农民的使用,使农业生产更智慧。

### (二)智慧组织

智慧组织是指优化各类生产要素,打造主导产品,实现布局区域化、管理企业化、生产专业化、服务社会化、经营一体化的组织模式。它由市场引领,带动基地、农户联合完成生产、功效、贸易等一体化的经管活动。各种组织将散户的小型农业生产转变为适应市场的现代农业生产。现代农业市场的竞争是综合性的,提升了品牌价值、改变经营方式的农产品才能更好地适应现代农业市场。感知技术、互联互通技术等现代技术使得农业组织更为智慧。

### (三) 智慧管理

现代农业的集约化生产和可持续发展要求管理人员实时了解农业相关资源的配置情况，掌握环境变化，加强对农业整体的监管，合理配置、开发、利用有限的农业资源，实现农业的可持续发展。我国农业资源分布有较大的区域差异，种类多、变化快，难以依靠传统方法进行准确预测，而现代技术的广泛应用方便了现代农业的管理，传感器的应用帮助农户高速实时获取信息，各类资源信息数据得以被农户管理和分析，农业的管理与决策更加智慧。

### (四) 智慧科技

农业科技是解决"三农"问题的重中之重，农业只有依靠科技才能实现进步，进而改善农民的生活。农业科技在现代科学技术发展的基础上实现了农业现代化，开创了农业发展新模式。互联网的加入方便了农业科学家的相互交流，有助于农业科技的进一步发展，使得农业科技更智慧。

### (五) 智慧生活

农村有了新的科学技术，有了配套的医疗卫生条件，新一代的农民接受更为多样的基础教育，也接受针对性的职业培训。智慧农业可以让本地农民更好地根据市场需要进行合理的生产，同时也能让农民在足不出户的情况下了解外面的世界，获取外界的资源。

## 第二节 智慧农业发展的必要性与思路

### 一、智慧农业发展的必要性

"智慧农业是中国农业实现高质量发展的重要方式。"[①] 我国农业资源十分匮乏，劳动力资源十分紧缺，加强智慧农业应用对于突破我国农业产业发展瓶颈，改变粗放的农业经营管理方式，提高动植物生产管理科学化水平、农业资源利用效率、疫情疫病防控能力，确保农产品质量安全，引领现代农业发展，实现我国"两个率先"的战略目标，具有十分重大的意义。

---

① 张绮雯, 林青宁, 毛世平. 国际视角下中国智慧农业发展的路径探寻 [J]. 世界农业, 2022 (8): 17.

## （一）智慧农业能够推动农业产业链的改造升级

第一，生产领域由人工走向智能去。生产领域由人工走向智能体现在农业生产的各个环节。

第二，经营领域个性化与差异性营销突出。物联网、云计算等技术的应用，打破了农业市场的时空地理限制，农资采购和农产品流通等数据得到实时监测和传递，有效地解决了信息不对称的问题。目前，一些有地区特色品牌的农产品开始在主流电商平台开辟专区，以拓展其销售渠道。有实力的龙头企业通过自营基地、自建网站、自主配送的方式打造一体化农产品经营体系，从而促进了农产品市场化营销和品牌化运营，这预示着农业经营将向订单化、流程化、网络化转变，个性化与差异性的定制农业营销方式将广泛兴起。定制农业是指根据市场和消费者特定需求而专门为其生产农产品的方式，这种方式满足了消费者的特定需求。此外，近年来，各地兴起了农业休闲旅游、农家乐热潮，旨在通过网站、线上宣传等渠道推广、销售休闲旅游产品，并为用户提供个性化旅游服务，这些成为农民增收的新途径和农村经济的新业态。

第三，农业管理和服务模式发生变革。政府部门依靠"农业云"的数据和分析服务进行科学决策，改变盲目性较强的行政管理方式。农业生产者可以从"农业云"上随时随地获取所需的数据分析结果和专家指导意见，驱动农业管理和服务模式进入"云时代"。

国内某些地区已经试点应用了基于北斗的农机调度服务系统。一些地区通过室外大屏幕、手机终端等灵活便捷的信息传播形式向农户提供气象、灾害预警和公共社会信息服务，有效地解决了信息服务"最后一公里"的问题。面向"三农"的信息服务为农业经营者传播了先进的农业科学技术知识、生产管理信息以及提供了农业科技咨询服务，引导企业、农业专业合作社和农户经营好自己的农业生产系统与营销活动，提高农业生产管理决策水平，增强市场抗风险能力，从而节本增效，提高收益。同时，云计算、大数据等技术也推动了农业管理的数字化和现代化发展，促进了农业管理高效和透明，提高了农业部门的行政效能。

## （二）智慧农业能够确保资源节约、产品安全

地方政府借助科技手段对不同的农业生产对象实施精确化操作，在满足作物生长需要的同时，既可节约资源又可避免污染环境。地方政府还将农业生产环境、生产过程及生产产品标准化，以此保障产品安全。生产环境标准化是指智能化设备实时动态监控土壤、大气环境、水环境状况，使之符合农业生产环境标准。生产过程标准化是指生产的各个环节按照一定技术经济标准和规范要求通过智能化设备进行生产，以此保障农产品的品质统一。生产产品标准化是指智能化设备实时精准地检测农产品品质，保障最终农产品符合相

应的质量标准。

第一，生产管理环节实现了精准灌溉、施肥、施药等，不仅减少了投入而且绿色健康。

第二，运输环节确保温湿度等储藏环境因子平衡。

第三，销售环节通过电子码给进入市场的每一批次的产品赋予"身份证"，消费者可以随时随地追溯农产品的生产过程，实现了农产品从田间到餐桌全生命链条的质量安全监管。

第四，在农产品流通领域，应用集成电子标签、条码、传感器网络、移动通信网络和计算机网络为一体的农产品和食品追溯系统，可实现农产品和食品质量跟踪、溯源和可视数字化管理，实现对农产品从田间到餐桌、从生产到销售全过程的智能监控，还可实现农产品和食品的数字化物流。

### （三）智慧农业能够提高农业生产效率与竞争力

#### 1. 智慧农业提高农业生产效率

农业生产者通过智能设施合理安排用工用地，减少劳动和土地使用成本，促进农业生产组织化，提高劳动生产效率。智能机械代替人的农业劳作，不仅解决了农业劳动力日益紧缺的问题，而且实现了农业生产高度规模化、集约化、工厂化，提高了农业生产对自然环境风险的应对能力，使弱势的传统农业成为具有高效率的现代产业。云计算、农业大数据技术让农业经营者便捷灵活地掌握天气变化、市场供需以及农作物生长等数据，农业经营者能准确判断农作物是否该施肥、浇水或打药，避免了因自然因素造成的产量下降，提高了农业生产对自然环境风险的应对能力。另外，信息技术是农业其他科技运用的重要支撑，如利用信息系统能够更有效地开展新品种选育、基因图谱的解析等。

#### 2. 智慧农业提升农业竞争力

互联网与农业的深度融合，使得农产品电商平台、土地流转平台、农业大数据平台、农业物联网平台等农业市场创新商业模式持续涌现，大大降低了信息搜索、经营管理的成本。引导和支持专业大户、家庭农场、农民专业合作社、企业等新型农业经营主体发展壮大和联合；促进农产品生产、流通、加工、储运、销售、服务等农业相关产业紧密连接；农业土地、劳动、资本、技术等要素资源得到有效组织和配置，使产业、要素聚集从量的集合到质的激变，从而再造整个农业产业链，实现农业与二、三产业交叉渗透、融合发展，提升农业竞争力。

### （四）智慧农业能够推动农业可持续发展

推动农业可持续发展，必须确立发展绿色农业，加快形成资源利用高效、生态系统稳定、产地环境良好、产品质量安全的农业发展新格局。

智慧农业是一种融保护生态、发展生产为一体的农业生产模式。智慧农业通过农业精细化生产、测土配方施肥、农药精准科学施用、农业节水灌溉来推动农业废弃物利用，保障农业生产的生态环境。这样，就可以达到合理利用农业资源，减少污染，改善生态环境，既保护了青山绿水，又实现了农产品绿色、安全、优质。

智慧农业借助互联网及二维码等技术，建立全程可追溯、互联共享的农产品质量和食品安全信息平台，健全农产品从农田到餐桌的质量安全过程监管体系，保障人民群众"舌尖上的绿色与安全"。

智慧农业利用卫星搭载高精度感知设备，构建农业生态环境监测网络，精准获取土壤、墒情、水文等农业资源信息，匹配农业资源调度专家系统，实现农业环境综合治理、全国水土保持规划、农业生态保护和修复，加快形成资源利用高效、生态系统稳定、产地环境良好、产品质量安全的农业发展新格局。

### （五）智慧农业能够转变农业生产者、消费者观念

完善的农业科技和电子商务网络服务体系使农业相关人员足不出户就能远程学习农业知识，获取各种科技和农产品供求信息。专家系统和信息化终端成为农业生产者的大脑，指导农业生产者进行农业生产经营，改变了传统单纯依靠经验进行农业生产经营的模式，也彻底转变了农业生产者和消费者对传统农业的认识。另外，在智慧农业阶段，农业生产经营规模越来越大，生产效益越来越高，迫使小农生产被市场淘汰，这也必将催生出以大规模农业协会为主体的农业组织体系。

## 二、智慧农业发展的思路

我国智慧农业呈现良好的发展势头，但整体上还属于现代农业发展的概念导入期和产业链逐步形成阶段。我国智慧农业在关键技术环节和制度机制建设层面面临支撑不足的问题，缺乏统一、明确的顶层规划，资源共享困难，重复建设现象突出，这些问题限制了我国智慧农业的发展。发展智慧农业需要做好以下三个方面的工作：

### （一）培育发展智慧农业的共识

社会各界，特别是各级政府、科研院所、农业从业人员要认真学习、深刻领会近年来国家与各省市出台的与智慧农业发展有关的政策、法规、条例，认识到目前我国农业发展正处于由传统农业向现代农业转变的拐点上，智慧农业将改变数千年的农业生产方式，是现代农业发展的必经阶段。因此，社会各界一定要达成大力发展智慧农业的共识，牢牢抓

住新一轮科技革命和产业变革给农业转型升级带来的强劲驱动力和"互联网+现代农业"战略机遇,加快农业技术创新,深入推动互联网与农业生产、经营、管理和服务的融合。

### (二)政府支持,实现重点突破

智慧农业具有一次性投入大、受益面广和公益性强等特点,需要政府大力支持和引导。另外,地方政府要重视相关法规和政策的制定和实施,为农业资金投入和技术知识产权保驾护航,维护智慧农业参与主体的权益。

智慧农业发展需要依托的关键技术(物联网、云计算、大数据)还存在可靠性差、成本居高不下、适应性不强等难题,需要地方政府加强研发,攻关克难。同时,智慧农业发展要求农业生产具有规模化和集约化,地方政府必须在坚持家庭承包经营的基础上,积极推进土地经营权流转,因地制宜发展多种形式的规模经营。

### (三)加强规划引领与资源聚合

智慧农业的发展必然要经过一个培育、发展和成熟的过程,因此,政府主管部门需要科学谋划,制定出符合中国国情的智慧农业发展规划及地方配套推进办法,为智慧农业的发展描绘总体发展框架,制定目标和路线图,从而打破我国智慧农业现有局面,将农业生产单位、物联网和系统集成企业、运营商和科研院所相关人才、知识科技等优势资源互通,形成高流动性的资源池,形成区域智慧农业乃至全国智慧农业一盘棋的发展局面。

第一,智慧农业技术创新建议。地方政府要进一步加大力度支持智慧农业学科体系的建设,制订农业信息化科研计划,立足于自主可控的原则,加强农业物联网、云计算、移动互联、精准作业装备、机器人、决策模型等核心技术的研发;加快农业适用的信息技术、产品和装备的研发及示范推广,加强农业科技创新队伍的培养;支持鼓励科研院所及涉农企业加快研发功能简单、操作容易、价格低廉、稳定性高、维护方便的智慧农业技术产品及设备;还要积极支持智慧农业技术的应用,实现农业科研手段和方法的智能化。

第二,建立重大工程专项。各级财政部门每年调拨一定的资金,建立重大工程专项。该资金作为农业信息化发展的引导资金,重点用于示范性项目建设。地方政府使用引导资金时要选择信息化水平较高、专业化水平较高、产业特色突出的大型农业企业、农业科技园区、国有农场、基层供销社、农民专业合作社等,重点开展物联网、云计算、移动互联等现代信息技术在农业中的示范建设,以点带面促进中国农业信息化跨越式发展。

第三,实施智慧农业补贴。目前,我国已进入"工业反哺农业,城市支持农村"的阶段,农机、良种、家电等补贴政策的实施对刺激农村经济发展、促进农民增收的效果显著,实施智慧农业补贴必将促进农业加速向智慧化方向发展。

第四,加强完善农业智慧化标准和评价体系。农业智慧化标准是农业智慧化建设有序发展的根本保障，也是整合智慧农业资源的基础，我们要加快研究制定农业智慧化建设的相关标准体系，建立健全相关工作制度，推动智慧农业建设的规范化和制度化。农业智慧化测评工作是全国及地方开展智慧农业工作的风向标，是检查、检验和推进农业智慧化工作进展的重要手段，我们要加快推进农业智慧化测评工作，建立和完善测评标准、办法和工作体系，引领农业智慧化健康、快速、有序地发展。

## 第三节　大数据驱动智慧农业经济发展

智慧农业，主要指的是将物联网技术运用到农业生产过程中去，运用传感器和软件，通过移动平台或者电脑平台对农业生产进行控制，使传统农业更具有"智慧"，进一步提升农业生产的效率，它是在现代农业生产过程中的技术深度融合和应用的过程中全新诞生的农业技术，其起步时间与其他新技术相比较晚，而对于我国来说，也正处在建设现代智慧农业的关键时期。随着人口的增加和土地资源的限制，农业产业结构有待深化。为了将现代农业技术应用于农业领域，我们必须以新生的智慧农业为核心，进一步提高土地利用效率，以实现农业发展的绿色化。

### 一、智慧农业发展的内涵与现状

智慧农业与传统农业相比而言是进一步地升华，它主要摒弃了传统农业的狭隘观念和停滞不前相对落后的农业意识，用和以往不同的方式，动态、全面、多维地看待未来农业发展，更加注重精细化、审美化、管理系统化、优质化和资源可利用永续化。其中，农业生产精细化是指运用先进的数字化技术，以更加科学的管理手段和自动化的耕作方式，促进生产专业化、精细化和分工化。农业发展审美化是指在农业生产过程中，尊重、适应、保护自然，不以牺牲绿水青山作为发展的条件，始终把坚持人与自然的和谐共处放在首位。绿色、协调和可持续健康发展的道路才是我们必须坚持的正确道路。农业生产管理系统化是指农业发展必须遵循系统的发展观，一个完整的有机系统是生产与环境有机结合和统一的，只有保护好农业生产环境，才能生产出满足人民群众日常健康需求的农产品。农业生产优质化是指利用物联网、云计算等现代数字化技术，保障农产品生产过程的安全性和封闭性，以确保农产品的安全性和食用价值。资源可利用永续化是指农业生产中可持续发展的概念，主要是不仅要满足当代人类发展的需要，又不对后代人满足其需要的能力构成危害的发展。物联网、大数据、云计算是智慧农业的核心技术、现代科学技术，利用生物降解技术和湿地系统的自我清理和恢复功能、套种和复种作物等可持续农业技术种植经验，促进农业生产的健康可持续发展。智慧农业的发展离不开科学技术的发展与进步，可充分利用物联网的先进技术装备，比如，无线通信和扫描技术，建立一个无线监测信息系统，在第一时间对农业生产过程中的相关指标信息进行实时收集。使用云计算和其他技术来实现资源分配和管理的集约和动态效益，并创建一个融现代化、科学化、集约化为一体的农业生产技术应用平台。利用大数据提取历年数据，利用实证和案例比较给出参考性意见，使用农业数据来研究水资源、环境资源和中国农业面临的其他问题，并提出具体措施。通过收集农业生产的数据和参数，对生态环境、农业生产条件和环境进行科学研究和系统分析。

目前，我国在智能农业领域发展十分迅速。随着互联网技术和信息的有效普及，越来越多的互联网技术人员进入了智慧农业的领域，占领了新的农业市场。农村地区互联网的普及和互联网基础设施的完善，使许多有远见的知名传统电子商务企业向农村地区延伸拓展业务。此外，随着品牌意识的逐步加强，我国越来越多的农产品开始重视自身品牌的建设。通过智慧农业方式，可以打造出属于自身的农业产品品牌，帮助消费者更好地了解相关农产品，更好地让农产品服务走出去。互联网电商的迅猛发展也给农产品提供了新的供销渠道，互联网云支付等快捷支付功能也逐渐取代传统的店铺营销，改变了传统的营销模式。随着互联网技术和大数据的不断发展，智慧农业是传统农产品商业化的基本要素，这些产品可以与价格水平相对应。优化和实现产品的质量和安全性，提高对人类服务产品、一般农业产品和产品的价值，并使产品的整体效益达到原来的一半以上。同时可以提高产品的整体效益，拥有长久可靠的发展之路和可预见的优良发展前景。

## 二、大数据驱动智慧农业经济发展的对策

### （一）打造农业大数据综合发展平台，降低成本

应当做好具体的农业发展规划，打造综合性专业性的农业大数据综合服务平台。针对目前我国农业大数据发展薄弱的问题，提出以下建议：

第一，加强各部门之间交流沟通与合作，充分调动农业农村部领导下的地方农业研究机构和其他单位的积极性，携手打造为农民服务的农业大数据开发平台。从市场整体来看，统筹规划布局，全面统一设计，将使农业大数据更加细化和规范，这不仅有利于农民增产增收，同时也有利于我国信息化建设。数据库创建不能一成不变，应根据不同的农业品种和统计尺度建立不同的数据系统，以提高基础设施的应用性和可行性，满足科学研究的需求。当然，在大数据平台构建的同时应当充分考虑成本费用原则，不主张铺张浪费，将好钢用在刀刃上，充分贯彻落实节约资源的理念。

第二，加强立法保护和司法保护。农业大数据的发展需要相应的法律环境，应加强立法程序，并为宏观数据提供相对稳定的外部环境，建立一个全面的立法体系。该体系的建立从数据的制作到数据的最终分析和综合利用，技术要求非常高。因此，农业大数据法律制度的建设必须学习现有的法律文献，并在实践过程中结合实际情况逐步完善。还可以向一些相对发达的国家学习，以形成适合中国农业建设的法律体系。

第三，加强政府领导在农业信息大数据平台建设中的作用，加强农业大数据基础设施建设的初始资本投资，并协调各级农业部门和公司的协调与合作。政府可以通过制定相关税收政策补贴或税收减免来鼓励公司积极参与，还应根据企业不同的情况因地制宜地制定适合本公司的政策，进一步有力推进农业大数据的建设。

## （二）打造高水平农业技术团队，吸引专业人才

人才是农业大数据发展的基石，特别是高科技人才。农业数据处理和实际应用不能与相关专业人才分开。为促进农业产业的健康发展以及良性循环，可以实施学校、相关培训机构、企业三大专业的产学研一体化培养模式，结合高校、招生机构、培训机构共同培养高素质人才，挖掘信息数据方面的人才。

另外，学科创新作为一种为大数据提供服务的方法，可以与相关的农业院校合作，开展试验，并将其向外推广。与此同时，必须建立农业大数据产业标准，以促进农业数据的建立与共享。标准化工作主要包括数据的收集、传输、存储、交汇等。农业大数据作为一种新兴的产业，其发展需要传统的农业企业和互联网公司的支持，需要将传统的农业企业和网络企业中的专业人才组成一个行业联盟，作为主导单位，共同制定大数据的标准。

建立科学和农业技术示范园区，以促进宏观技术创新。充分发挥示范园区在科技成果开发、试验和示范中的作用，积极推动农业大数据技术的发展和推广。科技示范园区的建设可以尝试从农业发达地区或互联网技术入手，以充分促进其他地区的发展，充分发挥区域农业技术的优势。根据此模式运行后的情况，还可以因地制宜根据地区的优势和特点，建立适合不同农业生产方式的科技示范园区。

相关部门应积极向农民宣传发展智慧化农业大数据的优势和良好前景，使农民有更大的参与意识和有效获取农业大数据的途径，从中真正受益。农民作为从事生产活动的主体，教育水平、思想观念、现代机械农业和科学施肥知识的掌握程度等在一定程度上决定了大数据的开发和实际应用。因此，让农民感受到智慧农业的价值十分重要，培养他们的大数据思想和意识，加强大数据在农村地区的推广势在必行。

## （三）大力发展互联网技术，推进智慧农业建设

互联网科技作为助力农业信息安全的保障和重要一环，为促进智慧农业建设，从国家

高层布局和企业集团链两个视角提出建议。从国家视角高层布局来看，为农业创新发展提供信息服务平台，创造可智能化，逐步建成融农业生产、市场管理、信息监控、物流运输为一体的推进智慧农业建设的一体化平台。平台能调动当地农业生产资源，整合当地智慧农业的全面发展。在企业集团链中，做到确保农业市场稳定的同时，加大保护农民的根本性利益。减少集团链应用的解密特征，保障信息安全能发挥最大效益的同时，让互联网成为大力推进智慧农业建设道路上的坚实基础。

# 参考文献

1. 著作类

[1] 陈久华. 智慧农业 [M]. 南京：江苏凤凰教育出版社，2017.

[2] 杜兴华. 农村经济学 [M]. 北京：农业出版社，1992.

[3] 鄂海红. 大数据技术基础 [M]. 北京：北京邮电大学出版社，2019.

[4] 江东芳，吴珂，孙小梅. 乡村旅游发展与创新研究 [M]. 北京：科学技术文献出版社，2019.

[5] 江洪. 智慧农业导论理论、技术和应用 [M]. 上海：上海交通大学出版社，2015.

[6] 李秉龙，薛兴利. 农业经济学 [M]. 3版. 北京：中国农业大学出版社，2015.

[7] 李景惠，吕东升. 农村经济学 [M]. 长春：吉林大学出版社，1990.

[8] 李伟越，艾建安，杜完锁. 智慧农业 [M]. 北京：中国农业科学技术出版社，2019.

[9] 李周，杜志雄，朱钢. 农业经济学 [M]. 北京：中国社会科学出版社，2017.

[10] 刘明等. 现代农村经济学 [M]. 北京：中国林业出版社，1997.

[11] 吕翠华. 旅游学 [M]. 上海：上海财经大学出版社，2017.

[12] 马丽婷. 智慧农业 [M]. 北京：中华工商联合出版社，2017.

[13] 皮广洁. 农业资源利用与管理 [M]. 北京：中国林业出版社，2000.

[14] 王建，李秀华，张一品. 智慧农业 [M]. 天津：天津科学技术出版社，2019.

[15] 王志. 大数据技术基础 [M]. 武汉：华中科学技术大学出版社，2021.

[16] 谢春山. 旅游学 [M]. 北京：北京理工大学出版社，2017.

[17] 谢立勇. 农业自然资源导论 [M]. 北京：中国农业大学出版社，2019.

[18] 徐唐龄. 农村经济学 [M]. 北京：中国金融出版社，1987.

[19] 张虎林. 农村经济学 [M]. 北京：国际文化出版公司，1988.

[20] 赵俊仙，胡阳，郭静安. 农业经济发展与区域差异研究［M］. 长春：吉林出版集团股份有限公司，2018.

[21] 赵维清，姬亚岚，马锦生，王成军. 农业经济学［M］. 2版. 北京：清华大学出版社，2018.

## 2. 期刊类

[1] 杜华民. 农业结构与市场经济规律的协调发展分析［J］. 农业经济，2012（12）.

[2] 段小燕，王静，彭伟. 我国农业资金配置的症结分析［J］. 中南财经政法大学学报，2014（3）.

[3] 郭雷风. 面向农业领域的大数据关键技术研究［D］. 北京：中国农业科学院，2016.

[4] 胡欣. 大数据统筹下区域农业经济精准发展模式的创新策略［J］. 农业经济，2020（10）.

[5] 黄国富. 中国区域经济发展存在差异的成因及对策［J］. 环球市场信息导报，2016（10）.

[6] 黄宁. 大数据时代的到来［J］. 计算机产品与流通，2017（12）.

[7] 黄兴光. 区域农业经济的发展对中国经济贸易的作用分析［J］. 山西农经，2017（2）.

[8] 刘建波，李红艳，孙世勋，杨兴龙. 国外智慧农业的发展经验及其对中国的启示［J］. 世界农业，2018（11）.

[9] 毛建品. 大数据在农业经济发展中的应用思考［J］. 南方农业，2019（5）.

[10] 王晓凤，胡文祥. 探索大数据在构建智慧农业过程中对农业经济管理的重要影响［J］. 农业工程技术，2020（24）.

[11] 王筱萍，刘文华. 农业循环经济分层绿色融资模式研究［J］. 经济问题，2020（2）：109-117.

[12] 吴善善. 当代中国农业劳动力的价值问题与对策分析［J］. 改革与开放，2010（22）.

[13] 徐启龙，马爱艳. 我国农业发展策略［J］. 合作经济与科技，2022（5）.

[14] 闫文收，吕德宏. 中国的农业资金与农业发展［J］. 北方园艺，2011（8）.

[15] 阴玥，徐衍. 可持续发展背景下农业循环经济发展模式优化研究［J］. 农业经济，2022（8）：12-14.

[16] 余磊. 大数据背景下农业经济与旅游业结合发展模式研究［J］. 南方农机，2021（23）.

[17] 袁祥州，黄恩临. 欧盟智慧农业发展经验及其借鉴 [J]. 世界农业，2022（5）：27-36.

[18] 张绮雯，林青宁，毛世平. 国际视角下中国智慧农业发展的路径探寻 [J]. 世界农业，2022（8）：17-26.

[19] 赵春江，李瑾，冯献. 面向2035年智慧农业发展战略研究 [J]. 中国工程科学，2021（4）.

# 参考文献

[17] 劳祎彬, 黄思浦. 民宿村庄光电发展途径及其需要 [J]. 世界农业, 2022 (5): 27-36.

[18] 张曦月, 林智丹, 毛世平. 国际视角下中国智慧农业发展的路径探索 [J]. 世界农业, 2022 (8): 17-26.

[19] 成春生, 李超, 刘磊. 面向 2035 年智慧农业发展战略研究 [J]. 中国工程科学, 2021 (4).